相手に

やりたい！ 欲しい！ 挑戦したい！

と思わせる

ムズムズ仕事術

市川浩子

出版

ムズ…

ムズ…

ムズ…

ムズムズ

ムズムズ

lations!

Congratu

びっくりしましたよね？
ただ、
あなたをここまで連れてきたのは、
あなたの願望です

素晴らしい！

ムズムズして
気になってしまって
つい、ここまでページをめくってきてしまった
だから今、あなたはここにいるのです

ムズムズの先には
ワクワクする世界が待っています

ムズムズを楽しんでいきましょう！

はじめに

お腹いっぱいのはずなのに、「ここのお店のデザートは絶品だよ！」と言われ、ボリューミーなスイーツをペロリと平らげていた。

自宅でゆっくり過ごそうと思っていたのに、面白そうなイベントに誘われ、つい「行きます」と返事をしていた。

テレビ通販を見ていたら、新作の商品が限定価格でお得に買えると紹介されていて、思わず「ポチッ」と購入していた――。

あなたも、このような経験をしたことがあるのではないでしょうか。

人は、「〜したい」「やってみたい」「欲しい」という衝動に駆られると、動かずにはいられなくなります。

ワクワクして、そのことで頭がいっぱいになり、それを我慢するとムズムズして落ち着かず、目の前のことに集中できなくなり、「〜したい」「やってみたい」「欲しい」ことに取り組みたくてウズウズしてたまらなくなるというわけです。

言い換えると、ムズムズさせることができれば、相手を自発的に動かすことができます。動かすことができるというより、動き出してしまうと言ったほうがいいでしょう。

お客さまの心をムズムズさせ、
お客さまが自ら「お願いします！」と言い、
お互いストレスゼロでご成約！

素敵だと思いませんか？
「そんな魔法のようなことができるの？」
そう思うかもしれませんね。無理もありません。
でも、本当なのです。

私は今でこそ、ビジネスコンサルタントとして、多くの方のご相談に乗る日々を過ごしていますが、元々人付き合いが苦手で、アパレルメーカーで働いていた頃は人間関係のストレスで激やせし、拒食症にまでなってしまいました。

さすがに「このままではいけない！」と健康を取り戻したくて美容業界の仕事に変わったのですが、まさかの営業職に！　だからと言って、早々に辞めるわけにもいかず、話し方教室に行ってみたり、自己啓発に関する思考やスキルを学んだり、顧客心理やＮＬＰ（神経言語プログラミング）、交流分析などの心理学や量子力学、脳科学等を勉強し、相手の様子を観察しては、伝え方や接し方、そして、心の持ち方を改善していきました。

するとある時から、商品やサービスのご提案に対し、「市川さんのお話を伺っていたら、なんだかムズムズしてきちゃいましたよ。買っちゃおうかな！」「やってみたくてムズムズしてきました。いつから始められますか？」などと、前向きなお返事をしてくださる方が続出したのです。

皆さんが口々におっしゃっていたのが、本書でお話しする「ムズムズ」でした。

私としては、ご提案したことに賛同していただけるわけですからハッピー。

お客さまとしても、「欲しいものが手に入る」「やりたいことができる」わけですからハッピー。

相手をムズムズさせることができたことで、お互いがハッピーになれるのです。


この「ムズムズ」の法則に気づいてから、私の営業成績はぐんぐん上がりました。2000人いる営業マンの中で新規開拓数1位になることができました。独立してからも、順調にお客さまに選んでもらえました。

今では、この「ムズムズ」の法則をメソッド化して、講座でお伝えしているのですが、受講生の売上報告が年間3億円超になったり、外資系保険会社の方がトップ営業マンになったり、講座の翌日に7000万円、さらにその数日後に1億円超の不動産が売れたという結果をご報告いただいたりしています。

ほかにも、プレゼンがうまくいった、部下とのコミュニケーションがうまくいくようになった、子どもが自発的に勉強するようになったなどのお話もよくうかがいます。

自分の意見を思うように言えなかった方が言えるようになり、お客さまに商品やサービスを堂々とご提案することができるようになった方、いがみ合っていた親子関係・夫婦関係が改善した方、お子さんが自発的に宿題やお手伝いを始め、育児がとても楽になった親御さんがいらっしゃいます。そのようにムズムズの効果は、仕事に留まらず、多くの人間関係に有効だということがわかっています。

本書では、この「ムズムズ」の法則、そして、人をムズムズさせる手順を、様々なビジネスシーンで使える具体的な形で紹介しています。楽しいワクワクしたスパイラルが起きることを想像しながら、読み進めてください。

米経済誌『フォーチュン（Fortune）』は、年1回、世界中の企業の総収益ランキングが記載されている「フォーチュン500」を発表しています。以前、選出された500企業を対象に、ハーバードビジネススクール（HBS）とTPI（The Pacific Institute）が行った10年越しの追跡研究について、次のような結果が報告されました。

〜しなければ」「〜すべき」と仕事をしている企業よりも、「やりたい」ことができているとと社員が感じている企業のほうが、平均で売上高は約4倍、株価にして約12倍、純利益は756倍も大きかったというものです。

あなたが人をムズムズさせ、「やりたい」と思わせることができたなら、756倍の効果も夢ではありません。

あなたもムズムズしてきたのではないでしょうか?

さあ、ムズムズの世界へご案内いたしましょう。

2023年9月

市川　浩子

CHAPTER 1

「ムズムズ」とは、相手をその気にさせること

CHAPTER 2

相手をムズムズさせる基本原則10

CHAPTER 3

会議・プレゼンでムズムズさせる

CHAPTER 4

部下指導でムズムズさせる

CHAPTER 5

SNS、サイトなど書き言葉でムズムズさせる

MUZU
MUZU
CHAPTER 1

「ムズムズ」とは、相手をその気にさせること

MUZU 1 MUZU

ムズムズはレジ前の「ひと口羊羹」

「ムズムズ」したら最後、やらずにはいられない

コンビニで支払いをしようとした時、ふと、レジ前に置いてある「ひと口羊羹《ようかん》」が目に入り、「これも、お願いします」と、つい買ってしまったこと、ありませんか？　ひと口羊羹でなくとも、いちご大福、チーズ入りかまぼこ、チョコレート菓子、ホットスナック……でも構いません（笑）。

さらに、こうして、つい買ってしまったひと口羊羹は、いつにも増しておいしく感じませんか？

買うつもりじゃなかったのに、目に入ったとたん、「おいしそうだな」「食べたいな」「そう言えば、小腹すいているな」などの思いが生まれ、買わずにいられなくなって

しまった。

この「ひと口羊羹との出会い」が、いわゆる「ムズムズ」です。

「ムズムズ」が起きると、人は少しでも早く行動し、叶えたくなります。そして、「ムズムズ」を叶えた後の満足度は、また格別です。

言い換えると、何かを始めようとする時、相手が「ムズムズ」していれば、「叶えたい」「欲しい」という想いをより一層引き出すことができるため、お互いストレスフリーで理想の結果を手に入れることができるというわけです。

ちょっとした仕掛けで他人を「ムズムズ」させることができる

さて、レジ前で「ひと口羊羹」を見て「ムズムズ」し、つい買ってしまったという行動は、一見、本人の心のままの行動のように思われるかもしれません。しかし、実は、お店の人がお客さまをムズムズさせるために、「ひと口羊羹との出会い」を演出したことによって生まれた「ムズムズ」です。

レジという誰もが立ち止まる場所に、値段の張らないお菓子を、お金を支払うトレーのすぐ近く（そうでないこともありますが）に置くことで、わざわざ余計な行動をすることなく、手に入れることができる環境を作っているのです。さらに定番のお菓子を置いておくことで、そのお菓子を食べた時のことが容易に想像でき、「ひと口羊羹が食べたい」「そういえば、甘いものが食べたいな」などと、「〜を食べたい」という気持ちを呼び起こしやすくなっています。

「食べたい」となった時点で、自分の感情、意思になるので、他人にそう思わされたという感覚なく、そのムズムズを叶えようと、「これもお願いします」となります。

このように、ちょっとした仕掛けや対応をすることで、他人を「ムズムズ」させることができ、「ムズムズ」した本人は自発的に動き出すのです。

「ムズムズ」があると効果が倍増する

相手を「ムズムズ」させることで、様々な効果を引き出すことができます。

取引先をムズムズさせることで、相手がその商品が欲しくなり、商談がうまくいきやすくなります。

部下をムズムズさせることで、部下が仕事をやりたくなり、成長につながります。

同僚、後輩をムズムズさせることで、成果を出したくなり、よりよい結果につながりやすくなります。

上司、経営陣をムズムズさせることで、企画が通りやすくなります。

家族、友人をムズムズさせることで、一緒に時間を過ごしたくなり、愛情、友情が高まります。

自分をムズムズさせることで、仕事や人生がやりたいことだらけになり、毎日が楽しくなります。

「ムズムズ」による効果が実に多様で、なんだかムズムズしてきませんか？

「ムズムズ」の仕組みを知り、「ムズムズ」のさせ方を身につけることで、仕事も人生も人間関係もよい方向に動いていきます。楽しみに読み進めてくださいね。

ムズムズPOINT

ムズムズは物事がうまくいくスイッチ

MUZU 2 MUZU

『〜したい』から人は動く

人が自ら動き出したくなる理由①「〜したい」と思ったから

あなたがどんなに相手に対して「〜してほしい」と思ったとしても、相手がそうしたいと思わなかったら（「行動する理由」が相手にはなかったら）、動くことはありません。

人が行動を起こす時、意識するしないにかかわらず、そこには必ず「行動する理由」があります。

たとえば、いつも自分のことを叱ってばかりで、良いところを認めてくれない上司から、突然「明日の会議で使う資料を、本日中にまとめてほしい」と言われても、快く引き受けることは難しいですよね。ほとんどの方が断りたいと思うでしょう。

また、家族が脳の手術をしなければならない事態になった時、「神の手を持つ」と評判の医師の存在を知ったら、その医師が遠方の病院勤務であっても、どんなに手間がかかっても、「手術をしてほしい」と考え、依頼に動くのではないでしょうか。

このように、人は「〜したい」と思えれば、条件が多少悪条件であったとしても、どうにかして手に入れようとします。反対にそう思わなければ、自ら行動に移すことはありません。もちろん社会人ですから、上司からの指示であれば従うでしょうが、それは前向きな気持ちからとは言えないでしょう。

「〜したい」と思うから、人は自発的に、前向きに動くのです。

人が「〜したい」と思う理由は様々です。

・この人（会社・サービス等）だから、一緒にやりたい
・この人（会社・サービス等）だから、やってあげたい・役に立ちたい
・あの○○に似ているから、やりたい
・自分の好きな感じだから、やらない理由はない・やりたい　など

言い換えると、相手の「〜したい」理由をそろえることで、相手は「ムズムズ」し、「〜したい」のスイッチがＯＮになります。

「〜したい」と思ったとたん、相手は自らの意思をもって前向きに取り組みます。

相手をムズムズさせることができれば、突然「明日の会議で使う資料を、本日中にまとめてほしい」と依頼されても、頑張って対応してくれるようになります。

人が動き出したくなる理由②「なんだか良さそう」と感じる

人が動く理由にはもう一つ、「なんだか良さそう！　欲しい！」「なんだかよくわからないけれど、やってみたい」という衝動・感情があります。

この、「なんだか良さそう！　欲しい！」「なんだかよくわからないけれど、やってみたい」という衝動・感情は、明確な理由がある（認識できている）わけではないけれど、そうしたい、なんだかわからないけれど気になってしょうがない、突き動かされる、要はテンションが上がるという状態です。

「行動する理由」＝潜在的なニーズとも言えるでしょう。

『世界は感情で動く』『経済は感情で動く』（マッテオ・モッテルリーニ 著）という本が日本でもベストセラーになりましたが、実は世の中のほとんどのことが、この「なんだか良さそう」などの感情で動いています。

ビジネスも人間関係も、経済活動もです。

あなたと出会った時点で、相手の中に「そうする理由」「そうすべき理由」が見つけられていなかったとしても、あなたと出会ったことで「なんだか良さそう」「なんだか面白そう」「それ、欲しい！」と、その商品、サービスが持つ可能性（潜在的なニーズを満たすこと）に気づき、前向きに取り組み始めます。

また、相手を「ムズムズ」させるには、この「なんだか良さそう」と思わせることが、効果が高いです。

大切なのは、あなたの思惑を押しつけるのではなく、相手にとってどうかという視点で提案し、判断は相手がする。それが、お互いがハッピーになるコツです。

ムズムズPOINT

相手が動きたくなる理由をつくる

MUZU 3 MUZU

使命感でも人は動く

人が動く3つの動機「欲望」「恐怖」「使命感」

先ほど、人が動きたくなるのは「～したい」「～なんだか良さそう」という思いがあるからだとお話ししました。

実は、ほかにも動きたくなる要因があります。「使命感」です。人間の心理について、ここまでのお話も踏まえて、ご説明しましょう。

人が動く動機は、大きく次の3つになります。

1　欲望
2　恐怖
3　使命感

1つ目の「欲望」が、先ほどお話しした「〜したい」「〜なんだか良さそう」といった思いにあたります。

2つ目の「恐怖」は、不安や心配、恐れといったネガティブな心理によるものです。ゾクゾクといったほうがイメージしやすいかもしれません。「これをやらなければ、こうなってしまうよ」などと気づいていないことを教えてあげることは、危機感を持っていない人に対する優しさではありますが、脅《おど》しや交換条件で怖がらせて自発的に行動してもらったとしても、前向きにとはいかないでしょう。

3つ目の「使命感」は、自分のためにではなく、誰かのため、それも「大切な人」のために「〜してあげたい」「〜すべき」という想いが動機になります。

使命感で動く人とは、マザー・テレサもそうでしょう。自分のことはいったん置いておいて、相手のために尽くすことができる慈愛の人です。

「あなたの大切にしている人が、こうなれたら嬉しいですよね」とか、「あなたの大切にしている人がこんなふうになる可能性があり、それはとても嫌なことですよね？」などと伝えることで使命感が生まれ、ムズムズし、動き出します。

欲望、恐怖、使命感を使うことで人に響く言葉になる

以前、性教育の講座を主催されている方が、私の講座を受けにいらっしゃいました。

彼女は、男の子のママでした。

彼女が講座をしているのには、明確な目的がありました。それは、わが子をはじめ、子どもたちを犯罪から守ること、そして、子どもたちを犯罪者にしないことでした。その使命感から、子育てで忙しい日々の中、講座を開催し続けていました。

彼女が私の講座に参加された理由は、ご自身の講座に参加される人たちに響く伝え方を学びたいということでしたので、受講生さんの想いや状況、講座の特徴などを伺いながら、一緒に受講者の方に送るメッセージを作成しました。

「『知らない人についていってはいけません』とよく言われますが、性犯罪は顔見知りの犯行が半数です。うちは男の子だから大丈夫！　と思っていらっしゃる方、実は被害に遭う子は男女半々です。うちの子は大丈夫と言える理由はどこにありますか？

また、あなたの息子さんが性犯罪をするはずがないと私も願っています。しかし、実際、性犯罪を犯した男の子の親御さんは『うちの子に限ってそんなはずはない』と

おっしゃるそうです。では、どうしてそんなことが起きてしまうのでしょう？　それは正しい知識がないからです。そうならないために、誰が子どもたちに教えますか？

お母さん、あなたのお子さんを守るのは、あなたしかいないのではないですか？」

最初に、誰もが当たり前に思っていることを示したうえで、それが違うと伝えます。**常識を破壊させて、大きな気づきを与えるのです。**そして、相手に自分の認識が間違っていたことに気づかせ、恐怖でムズムズさせる構成になっています。その後も、欲望、恐怖、欲望、恐怖を繰り返して少しずつムズムズさせ、最後のフレーズで、「子どもを守ろう！」「子どもを守りたい」という欲望と「私が守らなくちゃ！　守ってみせる！」という使命感も導き出すつくりになっています。

彼女の講座は大人気で、多くのママが使命感を燃やして、子どもたちを守ろうと活動されていらっしゃいます。素晴らしいですね。

ムズムズPOINT

誰かのためだからこそ、頑張れる人もいる

MUZU 4 MUZU

誰が言うかでムズムズの度合いが変わる

信頼できる「この人」になる

先ほど、人が「〜したい」と思う理由として、次の2つをお話ししました。

・この人（会社・サービス等）だから、大丈夫・一緒にやりたい
・この人（会社・サービス等）だから、やってあげたい・役に立ちたい

人は、好きな人や憧れている人の言葉を信用し、嫌いな人の言葉を信用しない傾向にあります。**誰が言うかによってムズムズ度合いが変わるということです。**

皆さんも、SNS等で多くの人が「いいね！」をしている投稿やライブなど、人気

のある人の言葉や発信内容に、知らず知らずのうちに影響を受けているのではないでしょうか。

ファッションリーダーとして有名な女性がオススメしているファッションアイテムがあったら、欲しくなりますよね？

また、本人のことはさほど知らなくても、「医学博士○○氏監修」など、信頼できる肩書きや実績がある人が提供しているものは、「きっと、いいものに違いない」と、つい買ってしまいたくなりませんか？

相手をムズムズさせるには、あなたが「この人だから、大丈夫」「この人が言っているのなら、欲しい、一緒にやりたい」と思われる存在になることです。

それには、あなた自身を信頼してもらう働きかけが必要です。

簡単に言うと、あなたを信じても大丈夫ですよ、ということを相手にわかってもらうということです。

人を信じる理由は人それぞれ違いますが、ビジネスという場においては、次のような理由が主に挙げられるでしょう。

・その道で実績を出している人
・すでにたくさんの人から支持されている人
・確実に仕事をしてくれる人

その道で実績を出している人に対しては、やはり安心感がありますよね。

ファッションリーダーがオススメしているファッションアイテムが欲しくなるのも、その道で実績を出しているからです。その道のプロである医学博士も同じです。実績をきちんと出しているからこそ、その人の言葉を信じることができるのです。

すでにたくさんの人から支持されているということは、支持している人たちのお墨付きということ。それはとても心強いことです。フォロワー数や○万人の患者を救ってきた……など、数字で言われると、さらに信頼が増しますね。

確実に仕事をしてくれる人に関しては言うまでもないでしょう。

応援したくて、ムズムズする相手になる

「この人だからやってあげたい・役に立ちたい」というムズムズは、いかに「応援してあげたい」と思われる人になれるかにかかっています。

常に真摯に頑張っている人、夢に向かってチャレンジしている人など、本人の頑張る姿を見て応援したいと思ってもらえることもあるでしょう。

それ以上に、自分のことを一生懸命に応援してくれる人のことは、同じように応援したくなるものです。

二宮尊徳の教えに「たらいの水」のお話があります。

水を張ったたらいの中の水を自分の方に引き寄せようとすると、水は反対側に逃げてしまいます。反対に、相手にあげようと水を押すと、反動で自分の方に戻ってくるというものです。人に譲ることで、自分も恩恵を受けるというお話です。

応援されたかったら先に応援する。役に立ちたいと思われたかったら「今の私がこの人にどう役立てるか」を考え、行動する。そうすることで、今度は私が役に立とう、応援しようと思われる人になるのです。

ムズムズ POINT

応援したい・役立ちたいと思ってもらえる人になる

MUZU 5 MUZU

ムズムズさせるために知っておくべき5つの心理

まずは相手の「～してほしい」に対応する

人は、嫌なことを言われたり、されたりすると心を閉ざし、嬉しいことを言われたり、してもらったりすると、笑顔になり、心を開きます。

このような人の基本的な心理を理解できると、相手にとってどうしたら信頼できる自分になれるのか、どう行動すればよいかがわかってきます。

ムズムズさせるために知っておくべき人間の心理の特徴は、大きく次の5つです。

1　人は鏡であり、相手の反応は自分の言動のフィードバックである

2　人には認められたい、褒められたいという欲求がある

3　人は大切に扱われたいと思っている
4　人は自分の可能性を信じてくれる人が好き
5　人は自分をわかってくれる人を求めている

男女の心理の違いや、タイプによって違う部分もありますが、まずは基本となるこの5つの心理を理解しておけばいいでしょう。それぞれの詳細については次のとおりです。

1　人は鏡であり、相手の反応は自分の言動のフィードバックである

人は鏡です。相手が自分の理想とする言動をしてこない場合、あなたがそうさせていない可能性大です。まずは、「自分がしてほしいことを先に人にしてあげる」ことを意識しましょう。相手の心を満たしてあげると、相手もあなたに何かして返したいという欲求が湧いてきて、本人に自覚がなくても、自然と返す行動を取るようになります。

2　人には認められたい、褒められたいという欲求がある

人はアドバイスされるより、自分を認めてくれる人、褒めてくれる人に心を開きます。特に女性は共感を求める生き物なので、その傾向が高いですね。女性が相手の場合は、この点を意識して接しましょう。

3　人は大切に扱われたいと思っている

人は、指示や命令をされて、快く動こうとは思わないですし、強制的な言動では、尊重されず、大切に扱われていないと感じます。誰もが、自発的に動きたいのです。イソップ寓話「北風と太陽」に出てくる北風ではなく、太陽のような関わりでいきましょう。

4　人は自分の可能性を信じてくれる人が好き

新たなことにチャレンジをしようとするとき、人は少なからず不安を感じるもの。そんなとき、アドバイスをされる以上に、「大丈夫。あなたならできるよ」「○○なあなたなら、できないはずはないですよ」と可能性を信じて支えてくれる人がいたら、やってみようとなります。

5 人は自分をわかってくれる人を求めている

人は、自分以上に自分のことをわかってくれる人が好きです。どんなに理想とは程遠い言動だったとしても、肯定的意図を汲み、尊重できたなら「この人はなんて私をわかってくれる人なのだろう！」と思ってもらえます。

たとえば、理想の成績をあげられなかったとしても「お前はなんでそうなんだ！」と叱るのではなく「数字を上げる以上に、今はお客さまのタイミングではないと判断したんだよな」などと言われたら、次こそ頑張ろうとなりますよね。

相手のことをわかってあげられる人になれたなら、信頼がどんどん増していき、ムズムズする人も増えるでしょう。

相手の反応に一喜一憂するのではなく、「自分がどう思われているのか」以上に「相手はどうしてほしいのか」「今の自分には何ができるのか」を考え、行動してみましょう。

ムズムズPOINT

「わかってくれる」人を、人は信頼する

MUZU 6 MUZU

ムズムズさせる側もムズムズする

心をこちょこちょする

２０２３年に行われた野球の世界一決定戦ＷＢＣ（World Baseball Classic の略）の決勝戦前の、ロッカールームでの大谷翔平選手の言葉が話題を呼びましたが、まさに選手たちの心をムズムズさせる言葉でした。

「僕から１個だけ、憧れるのはやめましょう。（略）（対戦相手であるアメリカチームには）野球をやっていれば誰もが聞いた選手たちがいると思うが、きょう１日だけはやっぱり憧れてしまったら超えられない。僕らは、今日、超えるために、トップになるために来たので、今日１日だけは彼らへの憧れを捨てて勝つことだけ考えていきましょう。さあ行こう！」

しびれますよね。

これがもし、「怖じ気づくな！　頑張るんだ！」などの言葉だったとしたら、結果は違っていたかもしれません。

侍ジャパンに選ばれ、決勝戦まで勝ち進むことができたメンバーです。「憧れるのをやめましょう」のひと言は、選手たちのプライドを保ちつつ、名選手たちが怖じ気づかずに、最高のパフォーマンスを発揮するきっかけとなった素晴らしいメッセージだと思います。

さらに彼自身がＷＢＣをとても楽しみ、熱を注いでいました。そんな彼の言葉だからこそ、よりメンバーだけでなく、応援していた私たちにも響いたのでしょう。


自分の望む方向に相手を動かしたいとき、自分の想いばかりをいくらぶつけても、相手は思うように動いてくれないでしょう。もしくは、動いたとしても、イヤイヤかもしれません。イヤイヤ作業をすると、本来の力が発揮できず、お互いにとってよくない結果となります。

お互いが自発的に動き、お互いにとってよい結果を導き出すのにオススメなのが、「心をこちょこちょする」です。

「こちょこちょ」と聞いて、皆さんは何をイメージしますか？ こちょこちょした（くすぐった）人とされた（くすぐられた）人が笑い合っている姿ではないでしょうか？

想像してみてください。あなたが誰かをくすぐってみようと思ったとき、思わず口角が上がりませんか？ その感覚です！ それは、相手が「やめて〜」と言いながら笑うことが想像できるから、思わず口角が上がるのですよね（くすぐる側が無表情だったら、ちょっと、いえ、かなり怖いですよね）。

この「こちょこちょ」を相手の心、感情に仕掛けるというわけです。

ムズムズは伝播する

相手がてこでも動かないと強い意思を持っていても、「こちょこちょ」は有効です。では、想像してみてください。

あなたが「動いてなるものか」と思って頑張っている時に、相手が眉間に皺を寄せて向かってきたら、ますます踏ん張るのではないでしょうか。

でも、相手が「こちょこちょ」を仕掛けようと口角を上げて近づいてきたら、もうそれだけでゾワゾワッとして逃げ出したくなりませんか？　逃げ出すのは我慢できたとしても、こちょこちょが始まってしまったら、さすがに笑ってしまって、ギブアップしてしまうはずです。

「心のこちょこちょ」をする際は、まず自分から笑顔で、「相手が笑顔になることを想像しながら伝えること」がポイントです。それには、相手が喜んで動き出すことを想像し、そのことにあなた自身がムズムズすることです。

あなたがムズムズできていないことを、相手がムズムズするのは難しいです。

あなたがムズムズしているから、相手にムズムズが伝播し、ムズムズしてくれるのです。まずはあなたからムズムズし、それを相手に伝えましょう。

ムズムズPOINT

お互いがムズムズすることでよりムズムズが高まる

MUZU 7 MUZU

相手の「欲しい」を引き出してムズムズさせる

欲しいのはドリル？　それとも……？

「心をこちょこちょする」方法について、もう少し具体的にお伝えしましょう。

「心をこちょこちょする」には、相手が思わずムズムズして動き出したくなる「ホットボタン」を探し、押してあげる必要があります。

「ホットボタン」とは「真の動機（理由）」のことです。

つまり、相手が動き出したくなるポイントを探って、そこを押すのです。

「マーケティング界のドラッカー」と言われているアメリカの学者、セオドア・レビット博士をご存じでしょうか？　彼の著書『マーケティング発想法』で紹介された有名なお話に、「ドリルを買いにきた人が欲しいのは、ドリルではなく『穴』である」というものがあります。

ドリルを買いにいらした人に、何ミリの穴をあけることができるか、どのくらいの回転数かなどといった商品説明をする前に、なぜ、ドリルが必要なのか、何をするために穴をあけたいのかを確認し、もし少量の穴をあけたいだけなのであれば、ドリルではなくキリを勧めればいい。大事なのは、「何のために」という顧客の欲求（ニーズ）である、という話です。

〈通常のやりとり〉

お客「6ミリの穴があくドリルを探しています」

店員「あいにく欠品しております」

お客「では、結構です」

〈顧客の欲求（ニーズ）を聞き出すやりとり〉

店員「『何をするために』穴をあけたいのでしょうか？」

お客「帽子を掛けるハンガーを壁に取り付けるために、穴をあけたいのです」
店員「それでしたら、キリでも充分いけますよ」
お客「そうなのですね。それではキリをください」

お客さまの満足をご提供できましたよね。ただ、これではお客さまをムズムズさせたことになりません。

なぜなら、ドリルの代替品を提供したに過ぎないからです。

次のやりとりを見てみましょう。

〈顧客の欲求（真の動機）を聞き出すやりとり〉
店員「『何をするために』穴をあけたいのでしょうか？」
お客「帽子を掛けるハンガーを、壁に取り付けるために穴をあけたいのです」
店員「『なぜ』帽子を掛けるハンガーが必要なのでしょうか？」
お客「帽子をコレクションしているのですが、箱に入れたままだと嵩張《かさば》るし、重ねると形が崩れるし、保管方法に悩んでいて……。そこで、壁を有効活用して、自分の部屋に大好きな帽子を並べて、大好きな帽子に囲まれて過ごしたいと思いましてね」

店員「それは素敵な発想ですね！　大好きな帽子に囲まれて過ごしたいのでしたら、一つの場所に並べるのは、少し味気ないかもしれませんね。壁一面を使って、ランダムに美術館のように飾ってはいかがでしょうか？」

お客「それは素敵です。ワクワクしてきました。そんなこと、できるんですか？どんなものを購入したらいいのでしょう？」

店員「針跡が消えて、壁に穴が残らないピンフックがあります。しかも耐久量8キロという優れものです。どんな重みのある帽子でも十分掛けられます」

お客「それはいい！　欲しいです。それください!!」

いかがでしたでしょうか。

「穴をあけたい」とドリルを買いに来たお客さまでしたが、店員さんとの出会いにより、壁に針跡が残らないピンフックの存在を知り、よりよい形で「帽子に囲まれて過ごしたい」という想いを叶えることができました。その想いが「ホットボタン」です。

つまり、お客さまは、ドリルが欲しいわけでも、穴をあけたいわけでもなく、想いを叶えるためにその方法しかないと思い込んでいただけだったということです。

このように、相手が言葉にして伝えてくれることが、欲求のすべてではないことも少なくありません。

それは、本人自体が「真の動機」を伝えようと思っていなかったり、そもそも、「真の動機」に気づいていなかったりするためです。

会話で相手の「真の動機」を引き出すことで、相手のムズムズを提供できます。

相手のニーズに応えるのではなく、相手の真の動機を引き出し、向き合いましょう。

ムズムズPOINT

真の動機を見つけられたら、相手は自然とムズムズする

MUZU 8 MUZU

動き出したくなる「ホットボタン」の探し方

目的を聞くのではなく理由を聞く

相手の「ホットボタン＝真の動機」を知り、そこを押す（対応する）と、相手は間違いなくムズムズします。

ホットボタンを知るためには、ヒアリングが欠かせません。

先ほど、ドリルを買い求めにいらしたお客さまと会話をし、ピンフックを販売した事例をご紹介しました。

お客さまの「ホットボタン」は「大好きな帽子に囲まれて過ごしたい」でした。

この真の動機にたどり着くまでに、いくつか質問をしたことを覚えているでしょうか。

・真の動機が見つからなかった質問　「目的」のヒアリング

ドリルを購入する「目的」を伺う　↓　穴をあけたい　↓　穴を開ける「目的」を伺う　↓　帽子を掛けるハンガーを壁に取り付けたい　↓　ドリルはないけどキリで対応できる　↓　キリのご購入

・真の動機が見つかった質問　「理由」のヒアリング

穴をあける「目的」を伺う　↓　帽子を掛けるハンガーを壁に取り付けたい　↓　なぜ、帽子を掛けるハンガーを壁に取り付けたいのか、「理由」を伺う　↓　大好きな帽子に囲まれて過ごしたい　↓　ピンフックなら、たくさんの帽子を壁に掛けることができるうえに、壁に穴の跡が残らない　↓　欲しい！　使いたい！　大満足

パッと見ると同じように感じるかもしれませんが、真の動機が見つからなかった時は、「目的」について質問をしています。一方、真の動機が見つかったときは、終盤になると、「理由」について質問をしています。ここが大きなポイントです。

まず、相手の希望を聞き、次に、その答えを受けて、目的は何かを質問します。そうすると、相手のニーズが見えてきます。

相手のニーズがわかったら、そこで安心することなく、さらに、深掘りしていきましょう。なぜなら、まだ「真の動機」までたどり着いていない可能性があるからです。

ここで「なぜ」「どうして」といったフレーズで「理由」を尋ねることで、ようやく「真の動機」が出てきます。そうしたら、あなたが提案できる秘策をお伝えしましょう。

このヒアリングは、聞く側が話の方向性を導きますが、基本的には相手にお話ししてもらうものなので、話すのが苦手な人でも、無理なくできます。

相手のことをじっくり聞いてあげてください。

ホットボタンとコールドボタンを間違えない

さて、「真の動機」を掘り下げていくときは、注意が必要です。

というのも、ヒアリングの途中で「偽りの動機」が出てくることがあるからです。

これを「コールドボタン」といいます。

「真の動機」だと思って「コールドボタン」を押してしまうと、当然、相手には響かないので、相手がムズムズして動き出すことはありません。なお、会話の途中で「コールドボタン」を押してしまっても、最終的に「ホットボタン」を探して、そこを押してあげられたら大丈夫です。

先ほどの例でいうと、6ミリの穴があくドリルも、キリも、「コールドボタン」です。でも、そこから、なぜそれを必要としているのか「理由」を聞いたことで無事に「ホットボタン」を見つけ出すことができました。

人が行動するには理由があります。その理由が「真の動機」です。

言い換えると、「理由」を聞くことができれば、最終的に「コールドボタン」を押す危険性は低いでしょう。

さらに相手の望みが叶うイメージをしながら、一緒に夢を描いていくと、より具体的な「真の動機」を見つけることができます。それを叶える秘策をお伝えすると、相手は最高にムズムズします。

お客さまだけでなく、上司や部下、パートナーやお子さんに対しても一緒です。今がどのような状況で、何が課題で、何を望んでいるのか、なぜそうしたいのか、どうなったら満足なのか、それをしっかりとヒアリングしていきます。

強引に押し進めないためにも、相手をムズムズさせてあげて、自発的に動かしてあげるためにも、この作業は非常に大切です。

相手をムズムズさせるために、相手が心から望んでいることを理解しようとする姿勢を持つところから始めましょう。

ムズムズPOINT

最後に押すのが「ホットボタン」であればOK

MUZU MUZU CHAPTER 2

相手をムズムズさせる基本原則10

MUZU
1
MUZU

ムズムズテク①

話したいことから話さない

人は「自分」に一番興味がある

あなたは自分が写った集合写真をいただいたら、最初に誰を探しますか？

誰もが「自分」と答えるでしょう。

人は「自分」に何よりも興味があるからです。

そのため、自分の話ばかりする人は飽きられますし、自分中心的な人の話を素直に聞き入れることは難しいでしょう。自分の話ではなかったとしても、言いたいことばかりを話されても、相手は困惑するばかりです。

また、自分が与えたいものを与えても、相手はムズムズしません。単なる独りよがりになってしまいます。

伝えたいから伝える。あげたいからあげる。これは優しいようで、実はエゴです。悪気はなくても「自己中心的な人」と誤解されてしまいます。

相手の心を動かすには、相手に興味を持つことが必要です。

あなたが話したいことを話すのではなく、相手が「あなたの話を聞きたい」と思うように、求めている情報を、相手に届く言葉を使って話すことです。

「相手が欲しているものを与える」のです。

それには、相手がどんな言葉に反応するかを知らなければなりません。つまり、まずはあなたが相手に興味をもち、相手の話を聞くことで、相手にあなたの話を聞いてもらえるようになるのです。

「お返し」をしないと申し訳ない心理

「返報性の法則」という言葉をご存知でしょうか?

「人から何かしらの施しを受けたとき、お返しをしなくては申し訳ないという気持ちになるという心理作用のこと」です。

たとえば、同僚から出張のお土産をもらったら、自分が出張した際にもお土産を買ってこようと思いませんか？　いわゆる「お返し」です。これが「返報性の法則」です。ちなみに「お返し」は、物のやりとりだけでなく気持ちの変化など、形のないものも含まれます。

また、この「返報性の法則」は、何もいい方向にだけ作用するわけではありません。「仕返し」の場合もあります。目の前の人が、あなた自身にあまり関心を持っていないと感じたら、あなたもその人に対する関心が薄れますよね。また、あなたの悪口を言いふらしている人がいたとしたら、あなたはその人に対してよい印象は持たないはずです（仕返し）。

この「返報性の法則」によって、相手の話を聞いたり、相手に純粋な関心を寄せると、相手もあなたの話を聞いてあげようという態勢になります。

話したいこと、聞いてほしいことがある時は、話したいことから話すよりも、相手の関心のある話題から入ったほうが、相手に聞く態勢ができるため、より伝わるということです。一見、遠回りのように感じるかもしれませんが、ムズムズを引き出すにはそのほうが早いですし、お互いが心地いい状態で話をすることができます。「伝わる」会話の流れは次の通りです。

1 相手に純粋な関心を寄せ、相手の興味のある話題から話す
2 ニーズを把握する
3 相手のニーズと自分の伝えたいことの共通点を見つける
4 相手のニーズとつながるように伝えたいことを伝える

自分が伝えたいことから伝えるのではなく、相手の興味あることから話し、いざ話す時も、相手のニーズに沿うように伝えたいことを伝えます。

そうすることで、相手は「あなたの話も聞いてあげよう」「あなたの役に立ちたいな」という気持ちになります。

伝えたいことから伝えた時には引き出せないムズムズを引き出すことができ、結果的にあなたの思いが伝わることでしょう。

ムズムズPOINT

相手が好きなことから話し始める

MUZU
2
MUZU

ムズムズテク②

時間は必要ない

数十秒でもムズムズさせられる

「エレベーターピッチ」「エレベータートーク」、または「エレベーターブリーフィング」という言葉を耳にしたことはありますか？

見込み客（ペルソナ＝理想のお客さま）とエレベーターで乗り合わせ、降りる階までの約20〜30秒間で、いかに効率良く、自分の伝えたいことを伝えるかというプレゼンテーション（以下、プレゼン）の手法です。

発祥は、起業家やスタートアップ企業などが密集するアメリカのシリコンバレー。忙しい相手に、いかに短時間で、シンプルかつ、わかりやすく、効率的に伝えることが求められるため、超多忙なボスと話すために「エレベータートーク」が使われています。

海外で働いていた知人は、ボスが外出する際に「今から出かける」と連絡をもらうようにしておき、駐車場に向かう廊下、エレベーター、車に乗り込むまでついていき、様々な提案&決裁を取っていたそうです。その間、およそ10分弱、ボスを独り占めできる貴重な時間だったため、何を話すか、事前に計画・準備していたと言います。

彼女によると、ボスが欲しがっていた情報や与えられていた課題から報告し、ボスを喜ばせたところで、自身の提案を行い、その場で検討してもらい、結論まで導いていたとのこと。

相手をムズムズさせるのに、時間はさほど必要ないのです。

私ごとで僭越《せんえつ》ですが、この本が出ることになったのも、担当編集者の方と雑談していたときに彼女がおっしゃったひと言でした。そのひと言とは……。

「え〜！　市川さん、それ！　私がムズムズします！」

そう、ムズムズです！　彼女と話しながら、私もどんどんムズムズしてきました。

書店さんに書籍が平積みされ、「ムズムズ」と書かれたPOPが楽しそうに本の周りを囲んでいる様子が鮮明にイメージでき、その場で本書の企画が固まったのです（その後、企画会議で正式に確定となりました）。

このように、ムズムズを共有できると、短時間でも物事を決めることができます。

信頼があるから短時間で言葉を信用できる

ただし、初めて会った人がどんなに言葉巧みに話しても、相手はムズムズしません。むしろ、言葉巧みであると、「騙されないぞ」とガードが固くなります。

感情が動くかどうかは、信頼があるかないかにも関係しています。

人は繰り返し接すると、印象や好感度、関心の度合いが高まるという習性があります。この法則は、ポーランドの心理学者ロバート・ザイオンスが論文で発表したことから「ザイオンス効果」、または「単純接触効果」ともいわれます。

日頃から、雑談でもよいので顔を合わせ、言葉を交わし、人と人としての関係を築いておくことで「エレベータートーク」の成功率が高まります。

さらに、次の3つをトークの中に入れ込みましょう。

①相手の名前を呼び、②（相手にとって）自分事になるように話し、③どんなことで相手の役に立てるのか伝えるのです。

名前を呼ばれることで、相手はあなたの話を聞く態勢に入ります。人は自分にもっとも関心があるので、「あなたの問題・課題を解決するもの」「あなたの夢を叶えるもの」など、すべて「あなたがどうなるものなのか？」という視点で伝え、「自分事」として認識させてあげて、興味を抱かせます。

そして、最後にこの提案が、どんなことであなたの役に立てるのか、たとえば「あなたの会社の売上アップに貢献できます」「営業マンの営業成績を3カ月で変えるお手伝いができます」などと伝え、相手があなたの提案を受け入れるメリットをわかりやすく感じられるようにするのです。

短い時間だからこそ、いかにこの提案（トーク内容）が相手にとってメリットがあるものなのかをわかりやすく伝えることを徹底しましょう。

ムズムズPOINT

相手が喜ぶ話を凝縮して伝えよう

MUZU 3 MUZU

ムズムズテク③

相手の脳に空白をつくる

「気になってしょうがない」と人はムズムズする

「もう少し詳しく教えていただけますか？」

「その先のことが知りたくなってご連絡しました」

私にはこのように、相手が気になって、思わず連絡したくなるような話し方をしているることが、どうやらよくあるようです。

そのため、相手からご質問やご連絡をいただくことが少なくありません。

その秘訣は、「相手の脳に空白をつくって話を終わらせる」ことです。

「どのようにしたら、相手の脳に空白をつくれるのか？」

これを知ったら、あなたはきっとストレスなく、相手をムズムズさせることができます。そして、自発的に、積極的に、能動的に動かしてあげることができ、お互いにストレスがなく良好な人間関係が築けます。

「人間の悩みは、すべて対人関係の悩みである」と心理学者のアルフレッド・アドラーは述べています。そんな人間関係のお悩みが、丸っと消えると言っても過言ではありません。

この秘訣は、脳の仕組みについてお話ししてから具体的にお伝えしますね。

さて、こんな風に話された後、私が脳の仕組みをお話ししたところで、あなたは上《うわ》の空ではないですか？

「ストレスなく相手をムズムズさせる秘訣」が気になってしょうがないはずです。これが「相手の脳に空白をつくる」ということです。

「?」と思わせることでも空白は生み出される

小学生の頃、駄菓子屋で、おまけ付きのお菓子にハマりませんでしたか? 目的のものが出てくるまで何度もカプセルトイを回したことはありませんか? 映画の予告に惹かれて、公開日に見に行ったことはありませんか? チラッと見せたり、含みを持たせたことを言ったりすると、核心に触れないからこそ、人はその核心が気になります。

脳は、答えがわからない状態に居心地の悪さを感じます。だからこそ、空白があると、興味がより一層膨らみ、それを見たくて聞きたくて手に入れたくてしょうがなくなる。確認するには、足を運ぶしかない、質問してみるしかない、購入するしかない……となるのです。

私の講座の元受講生で、講師になって人のお役に立ちたいという方がいらっしゃいました。ところがその方は人前で話すことが苦手で、勤務先でのプレゼンでも震えてしまうほどでした。そこで私は、彼女に次のように伝えました。

「上司たちの前でのプレゼンは緊張しますよね。それなら、あなたに憧れている人の前で話してみましょう。温かく迎えてくれますよ。まずは、今度の講座を任せるので、デビューしましょう！　現場で学ぶと成長も早いし、講師の夢も即叶います！」

彼女は、「私にできるのか？」と悩み、「でも、やってみたい」と期待し、ドキドキとワクワクが入り混じって眠れなかったようですが、数日後、自ら決断し、講師デビューしました。今では起業され、講師として活躍されています。

人をムズムズさせるには、相手が自身の可能性や能力に期待できるような環境をつくることです。「私にできる？　というか、やりたいな」「できたらどうなるのかな？」「できたとしたら……」など、ワクワクする「？」をたくさん生む会話をするのです。

すべてを話さず、要点だけ話し、結論を言わないこと。そうすることで、人は、脳の中の空白や「？」を埋めるべく未来像をイメージし、人はワクワクムズムズするのです。

ムズムズPOINT

チラ見せしてあげるとムズムズする

MUZU 4 MUZU

ムズムズテク④

コントラストを入れて話す

ビフォーアフターで強調する

「最近太ったと感じたので、体重を量ってみたら、65キロになっていた！」

「最近太ったと感じたので、体重を量ってみた。以前は、身長160センチ・40代女性の平均体重である57キロだったのに、たった1カ月で65キロにもなっていた」

いかがでしょう？　体重を聞いただけでも太っていることはわかりますが、平均値や前月と比べることで、より一層太っていることが強調されますよね。

次はどうでしょう。

「厚生労働省の発表によると、2022年の年間出生数は79万9728人だ」
「2022年の出生数は79万9728人で、前年比4万3169人（5・1パーセント）減少。1899年の統計開始以来、初めて80万人を割り込み、過去最少となった」

一目瞭然で、後者のほうが伝わりやすいですよね。

前年と比べてのパーセンテージや、統計開始以来初めての数字であるなど、具体的にビフォーアフターがわかり、結果のすごさが強調されます。

ビフォーアフターを出す、つまり、「比較対象」を設けてコントラストをつけることで、より一層、違いを感じることができます。

数字を入れる

ビフォーアフターを伝えるとき以外でも、数字を入れると、より一層コントラストが出ます。たとえば、何かを比較するときなどに使えます。

「東京6大学の偏差値は高い順に、東京大学、慶應義塾大学、早稲田大学、明治大学、立教大学、法政大学という順番である」
「東京6大学の偏差値は、高い順に、東京大学72、慶應義塾大学68、早稲田大学66、明治大学62、立教大学61、法政大学58である」

具体的な数字の入っている後者のほうが、やはり伝わりやすいですね。数字が入っていると、具体的にどのくらい大きいのか、高いのか、太いのかなどがわかります。

正反対な言葉を並べる

この世には陰と陽があり、明・暗、大・小、黒・白、闇・光、昼・夜、太陽・月、表・裏、動・静、強・弱、男性・女性、動物・植物、物質・エネルギーなど、正反対の対立するものが存在します。そんな正反対なモノやコトを言葉にして並べると、後半が際立ちます。

「トップダウン型からボトムアップ型の組織に」「保守的ではなく革新的に」「受動的

ではなく主体的に」のように、まったく正反対の言葉をあえて並べて使うと、プレゼン等でインパクトと説得力が増して、オススメです。

セールスで「天国と地獄を見せなさい」と教える方もいらっしゃるようですが、それもこのような理由からだと推測します。ただ、私はそのようなことはしません。人を強迫的にムズムズさせることはできないからです。

ただし、望む未来と望まない未来を比較して見せることはあります。その目的は脅迫ではなく未来をより望むものにするためです。理想的な未来と現状が変わらず行った先とを比べて伝えることで、より理想を叶えたくなり、ムズムズするためです。

コントラストを使って、より具体的にイメージするようエスコートしていきましょう。

ムズムズPOINT

具体的にイメージできるとムズムズしやすい

MUZU 5 MUZU

ムズムズテク⑤

会話にフックを入れる

相手の心を掴むポイント

人をムズムズさせるには、「掴みのある会話」が有効です。つまり「フック」を入れて伝えるのです。「フック」とは、留め金や鉤《かぎ》、つるす、引っかけるという意味です。そこから派生して、魚を釣る、人を虜《とりこ》にする、人を惹きつけるという意味で使われるようになりました。そんな、**相手の心に引っ掛かるような言葉を用いるのです。**

フックがないと、相手の耳に残りません。耳に残らないということは、記憶に残らないということです。人は一日6〜7万回思考すると言われています。現代人は、莫大な情報の中に生きています。そんな中、フックを入れずに意見を伝えても、頭に留まることなく右から左に流れていってしまうのです。

ここで、フックを入れた会話にするポイントを8個お伝えします。
すべてを使う必要はありませんが、使えそうなものから活用していきましょう。
多ければ多いほど、反応する人も増えますので、たくさんご活用ください。

1　ベネフィットを見せる

メリットではなくベネフィットを見せます。ベネフィットとは、物事から得られる利益のこと。金銭的利益だけでなく「恩恵」「便益」など、心理的・機能的な利益も含みます。わかりやすくいうと、ライフスタイルがありありと想像できるように未来を見せてあげるということです。

2　感情を揺さぶる

「感動」という言葉があるように、人は感じて動きます。心に響くよう伝えましょう。

3　ストーリーを語る

ドキュメンタリー番組のように、過去・現在・未来を、ストーリーとして語ると、人は関心を寄せ、自分もできるかもとムズムズします。

「ストーリーテリング」といって、体験やエピソードなどを用いて、聞き手に印象的な話として記憶に残す手法は、ビジネスの至る場面で使えます。

4 自分事にさせる

人は自分がどうなれるのかに一番興味があります。「あなたがどうなるか」を伝えましょう。また、人は無意識に、自分の名前を好む傾向があるので、「あなた」「君」ではなく「○○さん」と名前を呼びましょう。これを「ネームレター効果」「ネームコーリング効果」といい、あなたの好感度も上がります。

5 ハードルを下げる

高い目標もいいですが、ときにハードルを下げて、「これならできる」と思える小さなことから行動させてあげましょう。

6 理想の未来を歩かせる

相手の理想が叶った後の世界はどんな景色で、それは何色で、どんな音や声が聞こえ、何を感じるのか。その世界に言葉を使って誘い（エスコートし）、イメージさせ、味わわせてあげましょう。

7　常識を破壊させる

相手が思っている価値観や常識を破壊するようなことを伝えると、びっくりして耳が開き、目はまん丸になり、ドキドキムズムズします。

8　五感（視覚・聴覚・嗅覚・味覚・痛覚）に訴える

焼き鳥さんの前でお店の人がうちわでパタパタあおぐと香りが拡散され、その香りにつられ買ってしまったことはありませんか？　これは、香りを嗅ぐことで焼き鳥を食べたときの満足感・充実感・快適感を思い起こすからです。

感覚を刺激する言葉や出来事を取り入れて伝えることで、相手の心をムズムズさせることができるのです。

どれもすぐに活用できるものばかりなので、台本を作っておき、言葉が出ないときはどんどん使いましょう。

ムズムズPOINT

相手の心を揺さぶるには、ちょっとした仕掛けをする

MUZU 6 MUZU

ムズムズテク⑥

枠組みを変える

表現を変えると意味合いも変わってくる

「フレーミング」や「リフレーミング」という言葉を聞いたことはありますか？

これらはNLP（ニューロロジカルプログラミング＝神経言語プログラミング）という心理学の中のひとつの技法です。フレーミングとは「現実を捉える際の認知的枠組み」を指します。

簡単にいうと、同じ意味合いや同じ価値であっても、表現方法が異なることで、意思決定が変わることをいいます。

たとえば、主治医があなたの病気を治す方法を、次の2通り提示したとします。

「手術を選んだ場合、直後の死亡率は10パーセント、1年後の死亡率は32パーセント、

5年後の死亡率は66パーセントです。薬物療法を選んだ場合、直後の死亡率は0パーセント、1年後の死亡率は23パーセント、5年後の死亡率は78パーセントです」

さて、手術と薬物療法、あなたはどちらの治療法を選ぶでしょうか？　実際、手術を選ぶ人はおよそ半数に留まるそうです。

では、主治医が次のように説明したらどうでしょうか。

「手術を選んだ場合、直後の生存率は90パーセント、1年後の生存率は68パーセント、5年後の生存率は34パーセントです。薬物療法を選んだ場合、直後の生存率は100パーセント、1年後の生存率は77パーセント、5年後の生存率は22パーセントです」

この場合、手術を選ぶ人が急激に増加するそうです。

手術を選んだ場合、「直後の死亡率は10パーセント」と言うのか、「生存率が90パーセント」と言うのか、表現を変えただけで、受ける印象がかなり変わることがおわかりいただけるでしょう。

このように、フレーム（枠組み）を変えることで、同じことを伝えるのでも、印象を変えることができます。「フレーム」は問題や課題解決の際に、適切な答えを導き出す枠組みです。どんなフレームにしたら問題解決につながるのかを、考えて使えるといいですね。

どこを捉えるかで現実が変わる

フレームを変えることを「リフレーミング」といいます。

「物事を捉える際の枠組み（フレーム）を変えることで、別の視点を持つ」という心理学用語です。これは、意思決定において重大な影響を与えます。

アフリカの砂漠に降り立った2人の靴の営業マンのお話をご存じでしょうか？

A社、B社、両社の営業マンが市場調査にアフリカの砂漠を訪れました。

彼らは現地に到着してすぐに気づきました。

アフリカの人たちの多くが、靴を履かず、裸足で過ごしていることに。

彼らの生活に「靴」は存在していなかったのです。

A社の営業マンは、早速会社に電話をして、「大変です！　アフリカには需要がありません」と報告し、一方、B社の営業マンは「やりました！　この場所は未開拓です！　靴の素晴らしさを伝えたら、飛ぶように売れるはずです！」と報告しました。

同じ状況で、同じタイミングで、まったく違うことを思ったのです。

不思議ですよね。これが現実です。

同じ会社で共に働いていても、同じプロジェクトで目的を共有していたとしても、認識していることは、人それぞれ違うということです。

もし、あなたがA社の営業マン（のような人）と出会ったら、リフレーミングしてあげましょう。

「今、あなたの目の前にあるのは、ピンチではなくチャンスなんだ」と。

あなたの言葉で、今の状況がチャンスなのかもしれないと思えたら、「もしこれがチャンスなら、自分はどう考えればいいのだろう？　どう動けばいいのだろう？」と考えることができるようになります。現実、さらには、未来が変わることでしょう。

そして、あなたも相手にとって「自分にチャンスをくれた人」となるはずです。

リフレーミングを成功させる3つのコツ

リフレーミングを行う際のポイントは、以下の3つです。私はこれを「う・あ・きの法則」と呼んでいます。3つのうちいずれかを使うことでリフレーミングがうまくいきます。ぜひ、活用してみてください。

1　う——疑う

いま、あなたもしくは相手が把握している状況や考え方をことごとく疑いましょう。

営業成績を上げなければ！ ↓ 成績って上げなきゃいけないの？　それはなぜ？ ↓ 上げよう、上げようって力んでいるからうまくいかないのかも。力抜いてみよう

行動の軸となっている考えを、あえて疑うのは、なかなか慣れないかもしれません。その時は、思っていることを一つひとつ自問自答していきましょう。

価値観が変わり、今までと違った思考でチャレンジしようとムズムズするはずです。

2　あ——あきらめる

「あきらめる」とは、「明らかにする」が語源です。

頑張っていたのに望むような結果が出なかった。そんな時は、落胆してただあきらめるのではなく、自分、そして相手が、今どういう状況かを明らかにし、整理して起きた事実を認めます。解釈を入れずに事実だけを明らかにし、今後、どうするかを考えると、まっすぐ前を向くことができ、ムズムズします。

3 き――気づく

リフレーミングすることで何かしら気づきが生まれます。この「気づき」にたどり着いたら、まず「気づいたことがすごいこと。気づいた時点で既に変わり始めている」と、ただ気づいただけだと捉えずに、自分が変化のスタート地点に立てていることを認めることで、ワクワクムズムズします。

ムズムズPOINT

見方を変え価値観が変わるとムズムズする

「人は思い込みの世界で生きている」と言われます。客観的な視点を持つことで「今まで何してたんだろう」と自分のことを笑えてムズムズして軽やかに動き出すことができます。

MUZU 7 MUZU

ムズムズテク⑦

仲間として交渉する

お客さまは敵ではなく仲間

私の営業時代のお話です。

身長153センチ、洋服のサイズは7号と小柄なのに、「象足」だった私は、「足首が欲しい！」と本気で思っていました。

あるとき、営業で痩身機器を取り扱うことになり、「これはチャンス！」と思った私は、毎日のように足首に使ってみました。すると、足首が2センチ痩せたのです。しかもリバウンドなし！ キュッと締まった足首に感動し、私はお客さまにその体験を話したところ、安くもない商品なのに、本当によく売れました。

「私も足首が細くなるかしら」「私も痩せたい」などと、ムズムズするお客さまがどんどん購入されたのです。

私も「一緒にキレイになりましょう♪」とお伝えし、お客さまと同志のような気持ちで理想や夢を語り合い、時にははしゃぎながら話していました。

本来、商談や交渉などのシーンでは、「成果を上げるためなら」、もしくは、「お客さまが喜ぶためなら」と、どちらかに偏るより、どちらも不利にならずに、お互いがハッピーになる着地を一緒に考え、結論に導くものです。

決して対峙するのではなく、肩を組んで一緒に同じ方向を向いて解決に向かうイメージです。

イソップ寓話の「北風と太陽」のお話を思い出してみてください。

北風がビュービュー吹いても旅人が上着を脱がなかったように、一方的な意見で推し進めようとしても、かえって心を閉ざしてしまいます。一方、太陽が照りつけたことで旅人がコートを脱いだのは、コートを着ている＝寒さを少しでもしのぎたいということなので、温かくしてムズムズさせてあげたことで、希望を叶えたからなのです。

つまり、相手の理想を、一緒に叶えていく仲間のような気持ちで話し合うことが大切です。

交渉や商談の席であっても、北風のように、相手を攻略したり、自分の意図する方向へ強引に推し進めたりするのではなく、太陽のように愛をもって接しましょう。

対立の構図にしない

対面の場合は、座る角度も大事です。向き合って座ると意見も対立しやすいので、**座る場所を選べる場合は、90度になるように、相手の右側に座りましょう。**

左側には心臓があるので、人は心理的に心臓をかばう傾向にあるからです。特に初対面の場合は、左側に座られると、緊張や警戒で心を閉じやすいといわれているので、考慮して席を選ぶといいですね。また、右側はよそ行きの顔（左の顔に本音が出る）といわれます。右脳（感情や本音）が左、左脳（理論的）が右に出るからです。時に左の表情も見て、もし不安そうだったら、親友のような気持ちで寄り添い、ボディータッチして、安心させてあげるといいでしょう。

ある寒い冬の日に、2匹のヤマアラシが暖を取ろうと互いの体を寄せ合いました。するとトゲがお互いを傷つけたため離れると、今度は寒さに耐えられない。でも、くっつくと痛い。離れると寒い。2匹はそれを繰り返しながら、最終的にはお互いに傷つけず暖め合える距離を見つけ、一晩過ごしました。

アメリカの精神分析医ベラックは、哲学者ショーペンハウアーのこのお話を、もどかしい人間関係に照らし合わせて「ヤマアラシのジレンマ」と名づけました。

傷つけ合わず、お互いが喜び合えるポイントを探すことです。

そのためには、奪う行為ではなく、①相手が喜ぶこと、②自己犠牲になっていないこと、③まずは先に差し出すこと。この3つを意識することです。

「なんとか結果にしよう」と意気込みすぎず温かな気持ちで向き合いましょう。

ムズムズPOINT

同志のような気持ちで関わると、相手は自然とムズムズする

MUZU
8
MUZU

ムズムズテク⑧

3つの視点で伝える

視点を変えることで、見えてくるものも変わる

相手をムズムズさせるには、相手のことを知ることが大切であり、それには、相手を観察することが大切だと先ほどお伝えしました。

さらにもう一つ、忘れてはならない視点があります。

それは、全体を見る視点です。

つまり、①自分の視点、②相手の視点、③全体を見る視点、それぞれで見て、考えたうえで相手に伝えることで、よりムズムズさせることができます。

たとえば、あなたが上司に企画を提案したいとします。

この時、どうしたら上司に伝わるだろうと考えるときに、この3つの視点を使って

考えると次のようになります。

まず、①**自分の視点**です。

自分がいちばん伝えたいことは何だろう？　上司が興味を持つためには？　首を縦に振ってもらうためにはどうしたらいいだろう？　この企画が通ったら、どれだけ会社に貢献できるだろう？　お客さまにも受け入れられるだろうか？

続いて、②**相手の視点**です。

会社や上司はどのような企画を望んでいるだろう？　会社や上司は、お客さまにどうなってほしいと望んでいるだろう？　会社や上司は、どんな課題を抱えているだろう？　会社や上司は自分に何を期待しているだろう？　お客さまは、自分（自社）に何を期待しているだろう？　お客さまの問題・課題・解決したい悩みは何だろう？お客さまの望みは何だろう？

最後に、③**全体を見る視点**です。

この企画を通すことによって、会社に、お客さまに、社会に、どのような影響を及ぼすだろう？　お客さまとのやりとりを周りはどのように見るだろう？　この企画でお客さまが喜んだ暁には、どのような未来が待っているだろう？　どのような社会貢献につながるだろう？

それぞれ、まったく違った視点で企画や状況を見ることで、客観的に、冷静に企画を捉えることができます。そのうえで企画の強み等を伝えるとなると、上司に伝わりやすい言葉を選ぶことができ、上司の共感が得やすく、承認を取りやすくなります。

一社員としての意見、経営者サイドの視点が抑えられるため、「きちんと考えているな」と、とても好感を持たれ、期待をもって、ムズムズしながら、あなたの企画を検討することでしょう。

新たな視点を導くことでムズムズ

この3つの視点は、議論を収める効果もあります。

たとえば、あなたと同僚のAさんとで商品の価格について意見がぶつかったとします。

このとき、あなたが①**自分の視点**だけでなく、Aさんの視点（②**相手の視点**）や③**全体の視点**を見て話を進めると、次のようになります。

「お客さまのことを考えると、Aさんの意見すべてに賛成することはできません。その価格ではお客さまも手に取りづらく、売り上げも上がりにくいと思うからです（①**自分の視点**）。

私はお客さまの視点や価格帯、短期スパンで物事を考えましたが、Aさんは、環境に配慮し、長い目で結果を出すことを考えたのですよね（**②相手の視点**）。

サスティナビリティの取り組みは、我が社のテーマですし、非常にいいと思います。総合的に考えますと、価格帯を検討する必要はあると思います。一度お客さまアンケートなどで、リサーチする必要があるのではないでしょうか（**③全体の視点**）」

このように、3つの視点でものを見ると、視座が上がり、視野が広くなるため、相手が見えていない可能性や新たな選択肢、世界を提案することができ、相手に刺激や気づきを与え、ムズムズさせることができるのです。

ムズムズPOINT

同じ物事を、鳥の目や鷹の目で見ることでムズムズさせる

MUZU 9 MUZU

ムズムズテク⑨

自分で自分を説得してもらう

人は自分の言葉にも影響される

人が自分の言動に一貫性を持ちたいという習性を、「一貫性の原理」といいます。

そのような心理から、人は、自分の発言で自分自身が説得されることがあります。

相手が自分で自分をムズムズさせる。その方法を3つご紹介しましょう。

1 YESセット

人は一度「YES」と言ってしまうと、「NO」とは答えにくいものです。

「YES」と言うことで、相手は、自分の意志でその答えに辿り着いたような状況になっていきます。

最初から大きな決断にYESと言うのは難しいので、小さなことから始めます。

たとえば、お客さまにお渡しする会社案内のパンフレットに載せている集合写真が古くなったので、新しく撮り直したいと、上司に許可をもらうとします。

本当は紙質も良いものにしたいと思っていても、いきなり上司に伝えたらYESとならない可能性がありますので、まずは、「パンフレットは会社の顔なので、写真を撮り直したいです」と伝え、「YES」をもらいます。その後、「自撮りでは相応しくないので、プロカメラマンに依頼します」と伝え、「YES」をもらい、さらに「光沢のある良質な紙に変更します」と伝えると、たいてい「YES」となります。

YESを積み重ねていくことで、難しい提案も思わずムズムズして、YESと言ってしまうのです。

2 譲歩

上司に依頼したいことがあるものの、おそらく難しいと思われる場合に使う手法です。61ページでご紹介した「返報性の法則」を活用します。

そのまま伝えてしまってはきっと「NO」と言われることが目に見えている場合は、あえて本来依頼したいことよりも難易度を上げて提案し、「NO」と言われたら譲歩して難易度を下げ、本来依頼したいことを提案するという方法です。

男性社員が3カ月育休を取りたいと考えたとします。しかし、その会社では、育休を取る男性がほとんどいません。そのため、いきなり「3カ月休ませてください」と言っても「YES」をもらうのは難しいでしょう。

そこで、まずは「半年育休で休みたいのですが……」と伝え、わざと「NO」をもらいます。続いて、「ではせめて、妻が授乳で睡眠不足になりそうな、最初の3カ月だけでもお願いできませんか?」と伝えると、「まあ、3カ月ならいいか……」と、上司は譲歩してもらった分自分も譲歩してあげたいとムズムズするので、「YES」がもらいやすくなります。

3 役割効果

人は役割を与えられると、その役割を全うしよう、つまり与えられた役の通りの人として行動しようとする傾向があります。○○のリーダーという役割を与えられたら、「リーダーなのだから」と、リーダーに相応しい行動を取るようになるのです。

この時、「どうしてあなたを選んだのか」を伝えると、よりその傾向は高まります。

相手が「いずれリーダーを任されるほどの人物になりたい」と言っていたとします。そうしたら、自分で自分を説得させてあげるチャンスです。

「以前、『いずれリーダーを任されたい』とおっしゃっていましたよね。どうせなら意欲のある方に任せたいので、あなたにお願いしようと思うのですが……」

などと伝えると、「言ったことを覚えていてくれた」と嬉しくなると共に、自分が言ったときの気持ちを思い出し、役目を全うしたいとムズムズして「やろう」となります。

自分で言葉にしたということは、本人に少なからず叶えたいという想いがあったということです。そのことを思い出すお手伝いをしてあげましょう。

ムズムズPOINT

自らの意見に従わせてあげるとムズムズする

MUZU 10 MUZU

ムズムズテク⑩

想像力をかき立てる

言葉に動きをつけると脳が刺激される

「今日のランチは、やわらかくて、ぶ厚くて、ナイフで切ると肉汁がジュワ～ッて出てくるハンバーグにしない？　もう、口の中に入れた瞬間、牛肉の甘みと旨みが感じられて、ほんとに、おいしいの。鉄板で出てきて、ソースをその場でかけてくれてさ、ジュジュジュ～、パチパチッてなるんだけど、よだれ出そうになるよ！　さらに、湯気と一緒にフルーティーで爽やかなソースの香りがふわーっと鼻にくるからもうヤバイ。あ～、もうそれだけでライス一杯食べられるね（笑）。しかも、おいしいのにリーズナブル。精肉店直営だから、普通のお店より、お得にいいお肉が食べられるんだって。ほんとこのお店で食べたら、他のお店のハンバーグが物足りなくなるよ」

お昼時にこんな風に言われたら、皆さん、どう思いますか？　ハンバーグの映像が頭の中を占めてしまい、食べたくて、ムズムズしてきませんか？（いま空腹な方は、喉《のど》がごくんと鳴ったかもしれませんね）

ハンバーグが苦手な人以外で、このお誘いを断ること、できるでしょうか？

どうしてこんなにムズムズしたのか、それはもちろん、ムズムズさせる秘訣を駆使しているからです。秘訣は次の3つです。

1　シズル効果
2　オノマトペ
3　付加価値

それでは一つひとつ解説していきましょう。

1　シズル効果

「シズル感」とはコンサルタントのエルマー・ホイラーが考えた造語です。

シズル（sizzle）とは英語の擬音語でジュージューというステーキを焼くときの音のことを指します。他にも、鰻の蒲焼きや焼き鳥屋の前で、「パタパタパタ」というちわの音や香ばしい香りも食欲をそそります。そんな音や香り、画像でいうと照りや熱々の湯気。食べたときをイメージできると、より食べたくなりますね。

2　オノマトペ

「オノマトペ」とは、擬音語と擬態語と擬声語のことです。シズル感ともダブる部分でもありますが、リアルにイメージさせてくれる優れた表現法です。

擬音語とは、物音や事象などを言語化したもので、ザーザー、バリバリ、ゴロゴロなど。擬態語は、物事の状態や身振りや行動などの様子を表したもので、ふわふわ、すべすべ、ジロジロ、テキパキなど。擬声語は、人や動物が発する音を言語化したもので、ケラケラ、クスクス、ニャーニャーなどです。

3 付加価値

「しかも」「さらに」などと、追加でハンバーグの良さを伝えていましたよね。通販番組でもよく使われる表現法ですが、そんな付加価値までついているなら、お得！と思わせる効果がありますので、より一層興味につながります。

人をムズムズさせるには、このように「興味を持たせ、膨らませる」ことがポイントです。

語り尽くさないことで興味が広がることもある

興味を持たせ膨らませるには、相手がメリットになると感じられる話題をし、情報をこれでもかと重ねて伝えるといいでしょう。

先程のハンバーグのお話では、ただ「おいしい」と言うだけでなく「お得にいいお肉が食べられる」などのメリットを伝えていました。

また、自己開示や体験談も非常に役立ちます。

「ハンバーグなんてどこも一緒だと思っていたけれど、ここは違ったんです！」などと言うと、さらに興味を抱きます。

そして、その体験をしたらどうなるのかを、先ほどの3つの秘訣を駆使して表現豊かに伝えます。

「ほっぺが落ちちゃいます」「ソースがさっぱりしているから、肉の旨みがしっかり味わえて至福の時間になります」など。

体験しないとわからないことを言われたら「じゃあ、体験してみよう」とムズムズします。

ただし、全部を語り尽くさないようにしてください。あとのお楽しみを残さないと、あなたのお話だけでムズムズが満足に変わってしまいます。「話だけでお腹いっぱい」という状態です。

語り尽くさないことで、あとは実際に体験してのお楽しみを演出しましょう。

ムズムズPOINT

相手をワクワクさせてあげればムズムズする

MUZU MUZU CHAPTER 3

会議・プレゼンでムズムズさせる

MUZU 1 MUZU

120パーセントの段取りをして挑む

たくさんの人に理解・応援してもらう必要がある

会議や商談、プレゼンなど、人前で話すことが苦手だという人は多いでしょう。

上司や取引先など、様々な立場の人たちの視線を受けながら話すだけでも緊張するのに、思いもしない質問という形でのツッコミの対応もしていかなくてはなりません。

そんな中、会議では自分、商談等では相手先に会社としての提案を受け入れてもらえるような理想的な場にするには、まず、その場にいる人にあなたの提案に納得・理解してもらう必要があります。

半ば強引に推し進めたとしても、プロジェクトを始動する頃になって「やっぱりなんか納得できない」「やる気になれない」と思われてしまっては、うまくいくはずの企画であったとしても、実現は難しいでしょう。

やはり、相手が自発的に動き出したくなるところまで、プレゼンでもっていく必要があります。

人は、自分の意思で（自発的に）行動することを決めると、すごい力を発揮します。プレゼンに参加した人、そして、プロジェクトに参加する人たち全員が、自発的に動くことを決め、想いをひとつにして進み出したら……、想像するだけでムズムズ、ワクワクしませんか？　そんな状態になったら、プロジェクトは成功間違いないでしょう。

上司や取引先にムズムズしてもらうには、準備、それも１２０パーセントの段取りをして挑むことが必要です。

確実にオススメなのが「台本」をつくって臨むことです。

「台本」をつくると、緊張して言うべきことが飛んでしまうといったことがなくなり、大事なキーワードを忘れずに伝えることができますし、「台本」を使ってリハーサルすることになるので、本番で立派に演じ切ることができます。

また、「いざとなれば台本があるし、何度も練習したから大丈夫」と思わせてくれます。まさにお守りにもなる、心強い存在です。

PREP法を使って「台本」をつくる

「台本」をつくる際に役立つのが「PREP（プレップ）法」です。PREP法は、次の4つで構成されています。

1　POINT……「結論」をポイントで伝える
2　REASON……伝えたい「理由」を示す
3　EXAMPLE……理由の根拠となる「具体例」を話す
4　POINT……再度「結論」を伝えて締める

このPREP法を使って会議で「社内コミュニケーションツールとして現在使用しているLINEをチャットワークに移行すること」を提案、プレゼンすると、次のようになります。

「今回は、社内のコミュニケーションツールについて、LINEからチャットワークへ移行のご提案をいたします（結論）。

現在、LINEグループを用いて活発なコミュニケーションができています。ただ、過去の内容を検索できるとはいえ、新たなメッセージで情報がどんどん流れてしまい、必要なときに見つけにくい状態です（理由1）。

また、PCで確認するには不向きだと感じますし（理由2）、資料によっては、共有できないケースがあります（理由3）。

チャットワークに切り替えますと、こうした問題が解消されます。検索も資料の共有もしやすいですし、大人数のグループだと、書き込みを読み飛ばしてしまうことがありますが、宛名を選べるので、当事者は自分宛のメッセージだとすぐわかり、漏れがなくなるはずです（具体例）。

以上のことから、社内コミュニケーションツールを、LINEからチャットワークに移行することをご提案いたします（結論）」

このように、何の提案なのか、結論を先に伝えると、「なぜそうしたいのか？」「どうしてその提案なのか？」を聞き手は気にします。

そのタイミングで、理由をしっかり伝えると、聞き手の興味が向いているので、理解してもらいやすくなります。なお、理由がひとつだと、共感できない人から反対意見が出たり、「それだけでは……」と反発が起きたりすることもあるので異なる視点から複数の理由を伝えることがオススメです。

先ほどの例であれば、「必要なときに見つけにくい」という理由に対しては「そんなことない」、「ＰＣで確認するには不向きだ」という理由に対しては「スマホで確認しているから関係ないし」と思った人が、「資料によっては、共有できないケースも」という理由で納得するかもしれません。

複数の理由を伝えることで共感、納得してもらえる可能性が高まるというわけです。

続いて、具体的な例を出すと、聞き手も問題点（理由）がわかっているので、ありとありとそのシーンを思い浮かべることができます。同時に提案されたものを受け入れると、どんなに便利になるかも想像しやすくなります。体験談などが盛り込まれると、一層便利で快適な仕事ができることがイメージできて、ムズムズしてきます。
ここで結論で締めることで、「なるほど〜！　それなら」となるわけです。

プレゼンは想いや情報を伝える場ではなく、提案内容の必要性、良さを理解してもらい、「これは、やったほうがいい」と思ってもらう場です。

聞き手の心情をくすぐるＰＲＥＰ法式台本で、相手をどんどんムズムズさせましょう。

ムズムズPOINT

説得ではなく納得させると相手は味方になる

MUZU 2 MUZU

自己紹介で相手の興味を惹く

自己紹介にも説得力が必要

ＰＲＥＰ法は、プレゼンだけでなく、自己紹介など日常でのビジネス会話、ビジネス文書など、様々なシーンで使えるので覚えておくといいでしょう。

自己紹介からビジネスは始まります。ＰＲＥＰ法を使って自己紹介をすると、相手にあなた自身のことを知ってもらうことができるため、インパクトを残しやすくなります。

「初めまして。女性起業家専門税理士の遠藤太郎と申します（**結論**）。

お金に関する作業が苦手な女性起業家をサポートさせていただこうと、この仕事を始めました（**理由**）。
実際、確定申告の仕方がわからないとか、インボイス制度って何？　どのくらいの規模になったら税理士をつけるべき？　など、細かなご質問にも答え、売り上げアップのサポートもできる税理士として活動しております（**具体例**）。
税理士の遠藤太郎（**結論**）でした」

初めて会う人に対して、人は「この人は私に何をしてくれる人なんだろう？」など、とても興味を持って話を聞きます。そこで「この人面白そう」「何か一緒にできそう！」といったムズムズできる良い印象を残すことができたら、その後のビジネスも人間関係も良好に進めることができるでしょう。

職場であっても、普段なかなか話すことのない上司の前でプレゼンするときや、新たなプロジェクトのリーダーを任されたときなど、自己紹介を行うといいシーンは結構あります。

どんな想いでプレゼンを行うか、プロジェクトリーダーを務めることを決意したのかなど、理由や根拠を伝えましょう。プロジェクトの概要以上に、あなたというリーダーのもとで頑張りたいと思ってもらえるのです。

「この度、今回のプロジェクトリーダーを任されることになりました、佐藤花子です（結論）。

入社三年目にしてこのような大役を担うことは、最初はプレッシャーでしかありませんでした。ただ、尊敬する先輩たちのように、人を引っ張っていける人にもなりたい！　という想いから、精一杯勤めさせていただこうと決意しました（理由）。

ひとつのものを創り上げる喜びを、皆さまと一緒に味わえること、このプロジェクトを機に、弊社が大きく世の中に認知され、社会貢献できること。会社の歴史の1ページを皆さまとともに刻める誇りを感じております（根拠・具体例）。

このプロジェクトを成功させ、会社の発展とお客さま満足度の向上に寄与します！

○○プロジェクトリーダー、佐藤花子でした（結論）」

このように、節目の時に、自分の想いを添えて相手とのよい関係を築くための自己紹介をするというわけです。ここで好印象を持っていただいたうえで本題に入ると、ムズムズを引き出しやすくなります。

自己紹介でムズムズさせる3つのポイント

忘れてはいけないのが、自己紹介はほんの数十秒、長くても1分ほどで行わなければならないのが常です。

そのため、相手にとって知りたい情報をしっかり届ける必要があります。**そうすることで、相手はあなたに興味を抱き、ムズムズします。**

自己紹介で届けるべき情報は、次の3つです。

1 誰に
2 何を（提供）している
3 どんな人なのか

当たり前のことのように思うかもしれませんが、あなたという存在を認識してもらうために必要な最低限の情報です。肩書き以上に大切です。

名刺交換のときも、同じです。

「エステティックサロンを経営しております○○です」

という自己紹介をされるのと、

「お肌でもなく頭皮でもなく、脳をマッサージするエステティックサロン（何をしている）を経営しております山本ゆうこ（どんな人）です。

雑念を取り除き、直感力を高めたい方（誰）に人気で、おかげさまで、年間1000人以上のお客さまに喜んでいただいております」

という自己紹介をされるのとでは、どちらが相手に興味を持ちますか？

おそらく後者ではないでしょうか。

何を（提供）しているかを説明するにあたって、自分のことをより理解してもらうためのフックを入れることで、相手は興味を持ちます。

先ほどの自己紹介でも、「脳をマッサージ」「雑念」「直感力」など、エステの常識を破壊している言葉が興味をかき立てますね。具体的数字も入っているため、さらに興味をそそります。

短い時間で行わなくてはならない自己紹介は、相手が知りたい情報を、フックのある言葉で、理解しやすい構成（ＰＲＥＰ法）で伝えましょう。

ムズムズPOINT

あなたの取説《トリセツ》を20秒で言語化しよう

MUZU 3 MUZU

真の問題・課題を浮き彫りにする

起きている事象の課題と解決すべき問題は違う

社内の問題・課題が「商品力が弱いことによる売上の伸び悩み」だと上司が考え、売上を伸ばすために会議が行われたとします。

しかしそこで、あなたが「売上を伸ばす提案」をしたら、採用される可能性は極めて低いでしょう。なぜなら、カフェラテやビールの泡を救う程度のことにしかならず、根本解決には至らないからです。

「商品力が弱いことによる売上の伸び悩み」というのは、あくまで今、起きていることであって、その根っこには、真の問題・課題があります。この真の問題・課題を解決しない限り、本当の意味で売上の伸び悩みは解決しないのです。

上司ですら言語化できない、真の根本的な問題・課題を浮き彫りにできたら、上司は根本解決をしたくてムズムズするはずです。

では、真の問題・課題を浮き彫りにするためには、どうしたらいいのでしょうか？

そのお話をする前に、真の問題・課題を見つけ、解決した例をご紹介しましょう。

売り方・見せ方を変えただけで、年商30億円になった田舎の村

人口たった830人の村で年商30億円を達成した、高知県東部馬路村《うまじむら》の農協をご存じですか？

「ぽん酢しょうゆ　ゆずの村」をはじめ、村の名産である柚子を使い、加工品を自ら製造・販売しています。最近、全国チェーンの大手スーパーでも馬路村の製品が販売されるようになったため、見覚えのある人もいるかもしれません。

馬路村は全体の96パーセントが森林で千メートル級の山々に囲まれているため、日照時間が少なく、寒暖差も激しく、特産品である柚子は小さくて、皮の厚いものばかりができるそうです。

さてみなさんは、「そんな柚子、売り物にならないのでは？」と思ったのではないでしょうか。商品として弱いと。

実際、馬路村の人たちもあきらめていたそうです。皮の分厚い小さな柚子の99パーセントを加工用として出荷し続けていました。でも、原料としての出荷となると、価格が安くなります。馬路村も細々と出荷を続けていました。

しかし、前組合長の東谷望史《とうたにもちふみ》氏は違いました。「都会の人は田舎に欠乏している」と気づき、「村」を前面に出した柚子の加工食品を自分たちでつくり、「馬路村」の名前を前面に出した商品を東京や関西の百貨店の物産展に出展しては、顧客を開拓していきました。その結果、柚子果汁のドリンク「ごっくん馬路村」や「ぽん酢しょうゆ ゆずの村」などが大ヒット。年商30億円となりました。

もし、馬路村の人たちが、柚子の商品力が弱いことにとらわれていたら、今のような状態にはならなかったかもしれません。村内で事業を一貫して行い、「馬路村の風を届ける」というコンセプトで動いたことも、大きな成功の要因といえるでしょう。

真の問題・課題は浮き彫りにして初めて明確になる

さて、話を戻しましょう。

起きている現象の真の問題・課題に気づくには、良質な質問が大切です。良質な質問とは、核心を突く質問のことで、議論の根幹・要となる部分を追及します。

商品力が弱いという現象が起きているのなら、以下のような質問が生まれます。

「商品力が弱いということですが、商品の短所と言える部分をカバーした商品にするには、どうしたらよろしいでしょうか？」

これは、商品は現状のまま、見せ方を変えるためのアイデア出しの質問です。

「一番の売りは何ですか？　それが前面的に出るようにするには？」

一番の売りを再確認する質問。新たな形や販売方法を引き出すことができます。

馬路村の場合、一番の売りは柚子でした。

「本当にそれが一番でしょうか？　商品そのものの特徴に留まることなく、良さをあげてください。また、他では真似できない特徴はありますか？　どのような特徴を掛け合わせますか？」

一度出た答えを疑ってみましょう。

そうして固定観念を崩す質問をすることにより、視座を上げ、解決の糸口を見つけることができます。

「柚子が一番の売りだと思っていたけれど、森に囲まれ自然豊かな土地であることも売りになるのではないだろうか。もしかしたら、それが一番かも！　村そのもの、自然豊かなこの田舎の素晴らしさを前面に出していったら、もっと価値を高められるかもしれない」

などといった気づきが得られたかもしれませんね。

そして、「有機栽培」と「村で一貫して事業を行っている」ということを掛け合わせることで、さらなる魅力的なものになっていったのですね。これは、個人起業家がご自身で商品を設計するときにも使える発想です。

真の問題・課題が見えれば、それを解決しようと、誰もがムズムズします。

問題・課題を、良質な質問で引き出していってくださいね。

ムズムズPOINT

真の問題・課題を解決してこそ、商品の価値が上がる

MUZU 4 MUZU

会話のどこを拾うか

会話の中にヒントがある

会話はキャッチボールだとよく言われます。

相手の球（言葉）をどう受け止め、どう切り返すかで、その後の展開が変わります。

ここでみなさんに質問です。

上司から次のような話をされたら、どこを拾い、どう返すでしょうか。

「先日の君の提案は素晴らしかったよ。ＳＤＧｓに積極的に取り組む企業として、認知が拡大するかもしれない。そんな希望を持たせてもらった。

ただ、なぜ我々がＳＤＧｓに積極的に取り組んでいるのか、そこに至るまでの経緯や、企業の歴史などが語られていなかったね。さらに、我が社の『人や国の不平等をなくす』という取り組み、なぜ我々が、年齢、性別、障がい、人種などについて関係なく雇用するのか、不平等をなくすことがどれだけの社会貢献につながるのか、そのあたりが企画書に入っていない。

残念だが、これでは、相手先にこの企画の良さ、そして我が社の良さが伝わらない。だからこれではダメだな」

最後の言葉を拾い、「ダメですか……」と返したら、上司は「そうだな、ダメだな」と返すでしょう、これでは会話も広がらず、上司をムズムズさせることは難しいということは、想像つきますよね？

では、どこを拾うといいでしょう？

最初の言葉を拾うと「私の提案自体は素晴らしかったのですね」、中盤の言葉を拾うなら「ＳＤＧｓに積極的に取り組む企業としての認知の拡大を想像して、希望を持っていただけたのですね」と返すことができます。上司もさらなるアドバイスをするなど、よい方向に会話を持っていけるでしょう。

相手の言葉を使って切り返すことを、心理学では「バックトラッキング」と言います。簡単に言うとオウム返しです。

相手をムズムズさせるには、この「バックトラッキング」を使います。「バックトラッキング」は、「あなたの話を理解しようとしていますよ」という合図になります。

人は、自分の言動を貫きたいという心理があり、これを心理学用語で「一貫性の法則（原理）」といいます。**本人の発言を貫くことで、ムズムズさせてあげることができるのです。**

ただしここでは、相手の言葉をそのまま繰り返すのではなく、「不満」として伝えられた言葉を「希望」に変換して伝えるのです。

先ほどの上司の話を整理してみましょう。

〈上司の不満の部分〉

ＳＤＧｓに積極的に取り組んでいる理由や経緯、企業の歴史が語られていないこと。

差別なく雇用する理由、不平等をなくす意義が企画書に入っていないこと。

この不満を希望に変えると、次のようになります。

「ＳＤＧｓに積極的に取り組んでいる理由、その経緯、企業の歴史、差別のない雇用の取り組み、不平等をなくす意義の５点について、企画書に盛り込むとよいということですね。では、これらを踏まえて再度企画書を作成いたします。改めて次の会議のときにお持ちしてもよろしいでしょうか？」

そのように言われたら、上司としては不満がなくなるわけですから、首を縦に振る確率がグッと高まるはずです。

相手の言葉の拾い方、返し方に意識を持って取り組むだけで、お互いが気持ちの良い、よいキャッチボールができ、よい関係性を築くことができるでしょう。

感情のバックトラッキングで気持ちを共有する

人は事実と感情を会話に盛り込んで話しますが、最終的には事実のバックトラッキングより、感情のバックトラッキングのほうが心が通いやすく、ムズムズしやすいので、最終的には感情を共有していきましょう。

〈上司が感情を表した部分〉

「残念だが、これでは、相手先にこの企画の良さ、そして、我が社の良さが伝わらない。だからこれではダメだな」

この中で感情の部分は唯一「残念だが」というところですね。これを含めてバックトラッキングすると、次のようになります。

「必要な情報が入っておらず、ご希望に添った資料になっていなかったことで、とても残念に感じられたのですね」

ただし、このままでは「残念で期待外れだ」ということにフォーカスが当たってしまって、話が終わってしまいかねません。そのため、理想の方向に持っていくために、言葉になっていなかった「期待」を先程の言葉の後に繋げてみましょう。

「残念に感じられたのですね。期待してくださっていたのですね」と伝えます。

すると上司は、「こいつ、よく理解しているじゃないか」と自分の想いをきちんとあなたが理解してくれていることを嬉しく感じ、「もう一度作り直してみろ！」などと、あなたの希望、再提出のチャンスをもらえるでしょう。

もしくはあなたから、先程の言葉の続きとして「期待外れな結果になってしまい、申し訳ございませんでした。では、企画内容や弊社の良さがもっと伝わるものになればいいということですね。もう一度作成しますので、あと1日お時間いただけないでしょうか?」と言ってみるのもいいでしょう。相手のマイナスな部分を拾った後、プラスの意見を拾って解決につなげていきましょう。

言葉にはその人の想いが乗っています。つまり、相手の言葉にムズムズのヒントがあるということです。**相手の言葉を受け止め、一貫性を持たせるべく言葉を拾っていけば、ムズムズは引き出せます。**

ただし、「受け止める」と「受け入れる」は大きな違いなので、「受け止める」だけで大丈夫です(相手が真反対の意見のとき、すべてを「受け入れる」と苦しくなります)。相手の言葉をしっかり受け止めましょう。

ムズムズPOINT

相手の不快を快にするだけでムズムズする

MUZU 5 MUZU

ムズムズさせるべき人を間違えない

決裁者とできる限り会い、言葉で伝える

組織が大きくなればなるほど、決裁者と直接話すことができないこともあります。また、提案内容によっては、会議の場に参加していない人が決裁者になることもあるでしょう。

こうしたことは当然起こるべきことではありますが、できれば決裁者に直接言葉で伝える場を設けたほうが、よりあなたの想いが相手に伝わり、あなたの提案内容に対する相手の理解も深まります。

直接会い、話すことによって、決裁者、つまり、責任者の意向、真の意図を確認でき、ムズムズを引き出すこともできます。決裁者には会えないものとハナからあきら

めてしまうのではなく、どうしたら会えるのかを探ってチャレンジしていきましょう。

キーマンの協力を得てドミノを倒す

とはいえ、そうそう思うとおりに行かないのが現実でしょう。

決裁者に直接お話しできそうにない場合は、外堀から埋めていく、つまり、キーマンの協力を得る必要があります。

この時すべきなのが、次の3つです。

1 決裁者の研究をする
2 キーマンを探す
3 プレゼン用&キーマンに託す用の資料、台本をつくる

プレゼンに決裁者が参加しない時は、徹底的に決裁者について調べ、決裁者にとってキーマンとなる人を見つけ、そのキーマンに資料を預けます。資料は、決裁者に向

けた、決裁者がムズムズするような言葉でつくります。プレゼンの台本も同様です。その資料、説明内容を持ってキーマンが決裁者に説明するためです。

この時有効なのが、「バックワードマッピング」という手法を使うことです。まず「望ましい未来」を描き、次に、そこにたどり着くまでにやるべきことを書き出し実践していきます（ちなみに、現状から未来を予測する手法は、「フォワードマッピング」といいます）。

バックワードマッピングを使うメリットとしては、ズバリ、望ましい未来に到達しやすくなるということです。ゴールを先に打ち立てるため、目標となる未来像を大きく描くことができます。この時、できる・できないは考えません。これまでの人生経験にないことを考えてもOKです。

2023年のWBCの際、日本代表の監督を務めていた栗山氏の「栗山メモ」が話題になりました。このメモは、まさにバックワードマッピングでした。「チームを世界一にする」ことをゴールに設定し、その後、チームを世界一に導くまでを逆算し、行動されていたようです。ダルビッシュ有選手や大谷翔平選手を起用するにあたって、どのタイミングで、どんな場所で、どういうシチュエーションで何を言ったらいいか、すべて逆算し、万が一のことも考え、対処策も練ったうえで、一つひとつ実行していかれたようです。リーダーの鏡ですね。

「決裁者の心を落とす」ことを望ましい未来として描いたところ、「自分一人の力では不可能だ」とわかったとします。決裁者に会えないということは、ほかの誰かが決裁者に会い、プレゼンの報告をし、結論をうかがうということです。この役目を担う人が、夢を実現させるキーマンとなります。

キーマンは、決裁者に近い位置で働いている人であることもあれば、あなたの上司がキーマンとなって決裁者に会いに行ってくれることもあります。今回のキーマンは誰かを探し、その人が活用しやすい資料をつくりましょう。

キーマンの協力を得ることで、ドミノが倒れるように、一気に問題解決します。自分一人の力では大きな結果にならなかったとしても、キーマンの力を借りれば、相手がムズムズする速度が速まります。

ムズムズPOINT

有力なキーマンを見つける

MUZU 6 MUZU

理想の未来にエスコートする

理想の未来を一緒にイメージする

アル・ゴア前米副大統領が2007年12月のノーベル平和賞授賞式典の演説で、環境問題の危機について、次のように訴えました。

「あるアフリカの諺《ことわざ》です。

『早く行きたいなら、一人で行きなさい。遠くへ行きたいなら、みんなで行きなさい』。

私たちも、遠くへ行かなければなりません。それも早く！」

叶えたい想いや夢を自分一人のもので終わらせるのではなく、「私たち」という言葉を使うことで、目の前の相手にその想いや夢を共有し、魅了し、理想の未来にエスコートしたことで、彼の話を聞いていた人々は、彼と一緒にワクワクムズムズし、彼のスピーチは世界中で紹介されたのです。

未来をイメージしたとき、それが自分にとって、世界にとって理想的な姿であれば、「こんな未来だったらいいなあ」と、ムズムズしてきませんか？

何かを提案するときは、相手がムズムズできるような理想の未来像を描き、そこにエスコートすると、その場だけでなく、提案内容が採用され、実現に向かう時もムズムズが続き、応援者となってくれます。

ポイントは、その理想の未来に相手や、会社への提案であれば上司や部下も経営陣を登場させること。そうすることで、より相手はイメージを鮮明にすることができます。

また、決裁者は、理想の未来のために、どうすべきか、どうあるべきかを考え、決断しています。言い換えると、理想の未来のために役立つ情報、提案を欲しているため、実際に情報、提案に出会えるとムズムズします。

未来像は伝わる言葉で表す

ここ数年、「ミッション・ビジョン・バリュー」を共有することが大切だと言われるようになり、企業でも取り組んでいるところも増えてきました。そうすることで、社員一人ひとりまで想いを共有して、同じ目的に向かって、組織一丸となって進んでいくことができるからです。

ミッション（Mission）：企業が社会に対して「なすべきこと」
ビジョン（Vision）：企業・組織が目指す「あるべき姿」
バリュー（Value）：企業・組織の構成員が具体的に「やるべきこと」

しかし、経営陣が、会社の「ミッション・ビジョン・バリュー」を熱く語っても、社員からすると次元が違いすぎてピンとこないものだとしたら、一丸となって同じ目標に向かって行動することは不可能です。

お互いが、同じイメージ、理解をすることが必須だからです。

相手に理解してもらうためには、まず、相手が抱いている望み、想いを知ることです。相手の望みとあなたの望みを、繋げて未来像を設定しましょう。

もしあなたの提案内容（望み）が、自分だけの希望である場合は、会社側はその気にならないはずです。

個人的な希望が提案の基となっている場合は、あなたが視座を上げて、会社全体の望みとして考えてみることです。

「与えられたければ先に与えよ」という言葉があります。人間関係はブーメランですから、相手がされて嬉しいことをギブしていけば、あなたにも嬉しい結果がやってくるはずです。

ムズムズPOINT

相手にとって理想的な未来はあなたにとっても理想的となる

MUZU 7 MUZU

場の空気と言葉をほぐす

空気を変えれば、ビジネスチャンスも生まれる

どんなにこだわりを持って言葉を使っても、うまく伝わらない。そう思ったら、「場の空気感」を味方にしてしまいましょう。

人が集まり、会話が生まれ、信頼関係が構築できると、新たなプロジェクトが立ち上がったり、お客さまが商品を購入したりします。

恋愛の場合なら、男女が出会い、会話し、恋心が芽生え、交際し、結婚し、子どもを授かるというように……。

人と人とが出会い、お互いが関心を寄せ、信頼関係を深め、ムズムズできれば、新たなものが生み出される。これはこの世の法則です。逆に言えば、人と人とが出会っ

ても、信頼しあえずムズムズできなければ、何か生み出されることはないのです。

そのために意識するのは「いい空気感」です。

いい空気感があってこそ、いい関係性を構築できるというもの。そのためにも、相手が聞く耳を持っているかを確認していきます。

心が今ここになく、上の空の状態であれば、どんなに素晴らしい提案も、聞いているようで聞こえていない。見ているようで見えていない状態です。

それを避けるために大切なことは、最初に「耳」と「心」を開かせることです。

「耳を開かせる」という言い回しは、興味を持って話を聞いてもらえる態勢にするという意味で、研修等で私が使っている造語です。「傾聴」よりもさらに前のめりの状態を言い表す言葉として、本書でも使っています。

たとえば会議で、あなたが大事な発言をしようとしているときに、上司が腕組みをしていたらどうしますか？　態度は心の表れですから、腕組みをして警戒や疑いがある状態では、ムズムズを起こすことは不可能です。

態度がどう見ても熱心に聞く態勢になっていないとしたら、その状態を見て見ぬ振りしないでください。「話し出せばどうにかなるだろう」ではなく、「話し出す前に、聞いてもらえる状態にしよう」と準備に入りましょう。

受け入れ態勢をつくってしまう

相手を受け入れ態勢にする方法をお伝えしましょう。

それは、「目の前の資料を開かせること」です。

腕組みしたまま、目の前の資料を開くことはできないですよね？　ですから、自然と腕組みが外れるのです。私も営業時代に使っていたのですが、本当に使えます！

リモート会議の場合は、何か作業をしてもらいます。

たとえばチャット欄に記入する項目を決め、それを書いてもらう。リアクションボタンを押していただく。質問等は挙手のボタンを押していただく、など。

このように、あなたの発言前に、積極的に会議に参加していただけるようリードしていきましょう。

また、耳と心が開いているかは、相手の言葉からわかります。

あなたが、お客さまにサービスのご提案をしたい旨をお伝えしたところ、「一応お話ししてください」とか「聞くだけ聞いてみます」との返事であったら、耳と心は開いていないと考えられます。「一応」「聞くだけ」いう言葉に心の状態、「高いものを買わされるのでは……」といった不安や警戒の気持ちが表れています。話す前に、その不安や警戒を解くことが大切です。

その提案は、お客さまがどのようになれるものなのかを、最初に伝えましょう。耳が開いたことを把握したうえで話し出したほうが、ずっといい結果につながります。

相手が望んでいそうなことにフォーカスして、期待をさせ、興味を持たせ、耳を開かせてから話してみてくださいね。

ムズムズPOINT

提案を相手の興味のある分野とつなげるとムズムズに変わる

COLUMN ✿ 1

「ニューロロジカルレベル」を使って心をくすぐる

ムズムズさせるには下準備が大事です。

例えばあなたが、知らない人にいきなり褒められたり、認められたり、役目を与えられたりしても、多少心が動くことはあっても「何がなんでもやりたい！」と思うほどのムズムズ状態にはならないでしょう。

ある程度の人間関係、信頼関係がある人からの言葉だからこそ、そこに重みが生まれ、相手に届くからです。

とはいえ、職場の同僚、上司、部下といった関係であれば、顔を合わせたり、言葉を交わしたりする機会がありますが、同じ会社であっても他部署、他事務所だとそうはいきませんし、取引先であれば、なおさら難しく感じるかもしれませんね。

そんな状況で、人間関係、信頼関係を築くには、どうすればいいのだろうか、と悩まれる人もいるでしょう。

なかなか会えない相手をムズムズさせられるほどの人間関係を構築するには、

ちょっとした雑談を対面、メール、電話など連絡をとる際、できるだけこまめに行うこと、そして、相手との関係性、段階に合った言葉を使って心をこちょこちょすることです。

たとえば、まだ2回のミーティングの席でしか言葉を交わしたことのない人から、突然「本当のあなたは、とても繊細な人なのですね」と言われたら、「私の何を知っているのか！」と不快に思いませんか？　では、「率先垂範の姿勢が素敵です」と言われたらどうでしょう？　先ほどに比べて不快に思うこともなく、むしろ「見ていてくれたのだな」と好ましく思うのではないでしょうか？

これが段階に合った言葉を使うことと、その効果です。

段階に合った言葉を選ぶには、「ＮＬＰ（神経言語プログラミング）」の基になっている理論の一つ「ニューロロジカルレベル」（１４３ページ）を活用して褒めるといいでしょう。

人間の意識を6つの段階に分けたもので、アメリカのビジネスコンサルタントであるロバート・ディルツ氏によって提唱されました。①から解説していきます。

①環境　場所や状況、人や物など、自分以外のもので、「どこでやるのか」「誰とやるのか」「いつまでにやるのか」などを意識するレベル。

②行動　「自分は何をやるのか」「どのように説明して周囲を動かすか」などを意識するレベル。

③能力　「どうやって」「何を使って」を意識するレベル。ここを意識できると、才能を発揮できます。

④信念・価値観　「なぜそれをするのか」「どうしてしないのか」「してはいけないのか」などを意識するレベル。大切にしているものや信念、価値観などが表れます。

⑤自己認識　「私は何者なのか」というアイデンティティ・ミッションにあたる部分で「自分はどんな人になりたいのか」「自分の目的や役割は何か」といった、自己という存在の本質を追求するレベルです。

⑥スピリチュアル　在り方そのものを意識し、何（誰）のためを確認するレベル。5段階とは違った視点で自分自身を意識して、家族・会社・国・宇宙などのシステムの一部として考えます。

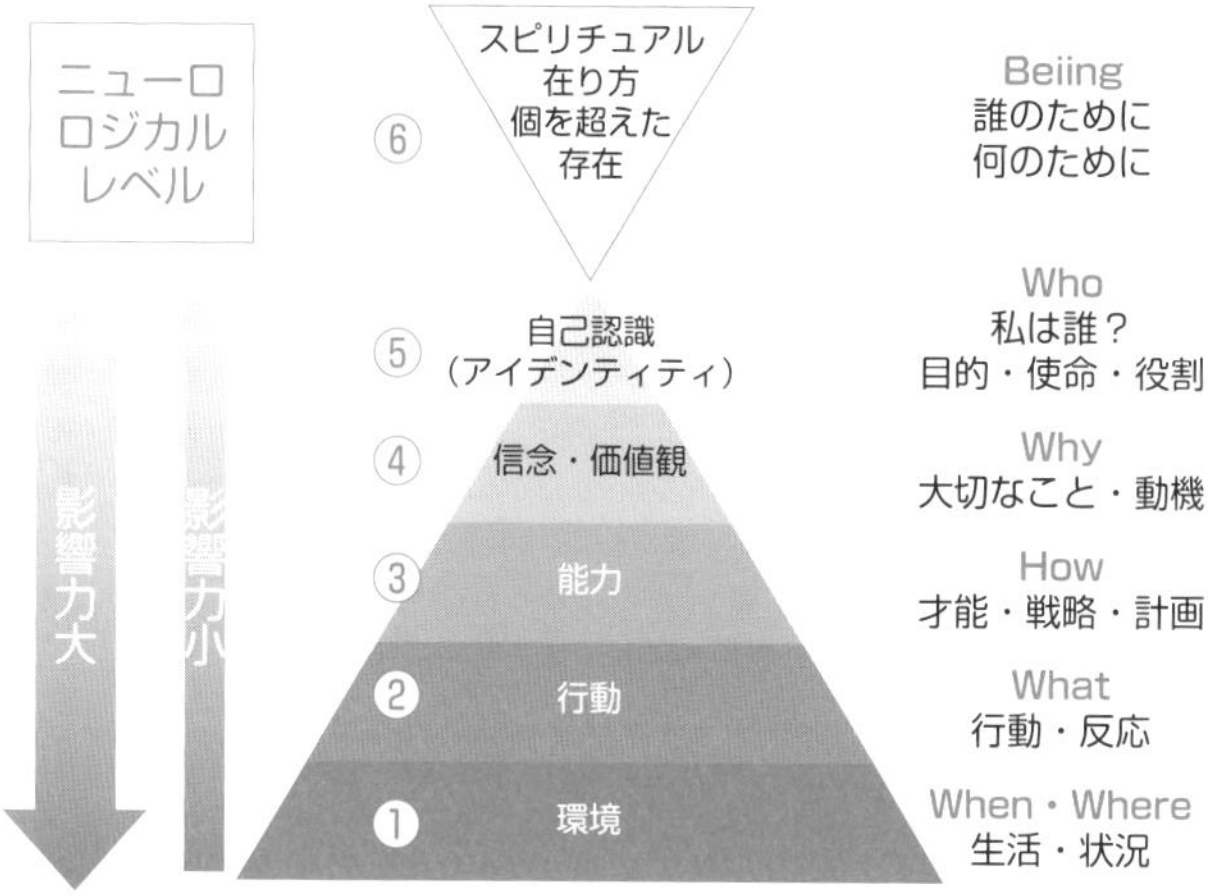

※日本コミュニケーショントレーナー協会テキスト等を参考に著者作成

⑥に近づけば近づくほど、相手の精神性に触れることになり、グッと相手の心を掴み、ムズムズ度合いは上がりますが、ムズムズ仕事術では、この6段階のうち、①〜⑤を活用します。

相手との信頼関係がまだ築けていない段階では、①環境、②行動、③能力に関することを伝え、心をくすぐります。これを対面時や雑談、メールの追伸などでマメに行うことで、だんだんと相手はあなたに対して好意的になり、心を開くようになります。

信頼関係が築けたら、④信念・価値観、⑤自己認識の段階に触れていきましょう。実際の褒め方については、次ページにて紹介していますので、参考にしてください。

ホステスをしていた友人が、④以上を意識してお客さま等を褒めていたところ、一気に指名がとれて、末席の新人ホステスからナンバーワンになったと言っていました。

相手が大切にしている部分に触れて、5段階を意識して褒めることで、相手をムズムズさせることができるのです。

「ニューロロジカルレベル」 5段階別褒め方例

①環境

「職場が丸の内なんて素敵ですね」「あのインフルエンサーと仕事するなんて、かっこいいです」など。少々表面的ですね。

②行動

「率先垂範の姿勢が素敵です」「いろいろな考えの人をまとめていて、すごいです！」頑張りを認めてもらえてまあまあ嬉しいです。

③能力

「チームをまとめる力が素晴らしいですね。それって誰でもできるわけではないし、統率力やリーダーシップ能力があってこそですから、本当に素晴らしいスキルをお持ちですね」など。人によっては、褒められて初めて自分の才能に気づく人も。

④信念・価値観

「経済的にも精神的にも、人間関係も豊かになる人を増やすためにお仕事されているなんて、ステキですね」という感じです。実はこれは私の想いでもあります。こんな風に言われたら「そうそう、そうなんです！」と嬉しくなります。痒いところに手が届くように、「よくぞそこを話題にしてくれました！」と、褒められて非常に嬉しいレベルです。

⑤自己認識

「大人ってかっこいい！ と、仕事を通じて、大人を夢見る子どもを増やす人なのですね」など、「こんなスキルが素敵」ではなく「こんな素敵な人」と、相手の方自身にフォーカスして褒めます。「あなた（そのもの）が素晴らしいです」など。相手そのものを褒めるレベルです。

MUZU MUZU CHAPTER 4

部下指導でムズムズさせる

MUZU 1 MUZU

「正しい」ではなく『楽しい』で人は動く

正しいことを「楽しい」を使って伝える

私は営業時代、ある講師の方の研修によく参加していました。

いつも食い入るようにお話を伺い、お腹が捩《よじ》れるほど笑いながら講義を受け、深い気づきをいただいていました。

十数年前のことですが、その時学んだことは今も覚えています。

ある時、次のようなお話をしてくださったことがありました。

その講師の方は、若い頃、発車間近の電車に慌てて乗り込もうとして、お顔がドアに挟まってしまったそうです。何かがはさまったと感知してドアは開くのですが、カーブしている駅だったためか、運転手さんや車掌さんから見えていなかったようで、顔を抜く間もなくすぐにドアが閉まり、また顔が挟まってしまったそうです。これが何度か繰り返され、かなり恥ずかしい思いをしたのだと、まんまるのお顔を何度も開いた両手のひらで挟んで変顔をしながら話してくださいました。

会場中、大爆笑。涙を流して笑っている人もいたほどです。

そんな私たちを見ながら、講師の方は手を顔から外し、真面目な表情に戻し、「ここからが、いちばん大事な話です」と切り出されました。

「電車内の人には顔だけ、ホームの人には、もがいているお尻が見えている状態の私の姿は、ハチミツを取ろうとして甕《かめ》から抜けなくなったくまのプーさんみたいだったと思います。ただ、私が電車の扉に何度も顔を挟み、恥ずかしい思いをしていたことを、その後、指をさして笑う人はいたでしょうか？　恐らくいなかったはずです。人は他人の失敗なんて、いつまでも気にしているほど暇ではないのです。（再度、両手で顔を挟みながら）こんな私だって、今ではこうして皆さんの前でお話しできているのです。人の目なんて気にせず、自分の信じた道を突き進みましょう！」

講師の方のお話に、どれだけたくさんの勇気をいただいたことか……。営業が苦手で、お客さまに嫌われることを恐れていた私ですが、また頑張ろうと思えたのです。

笑顔になると、人はポジティブになる

正しいことを正しく間違いであると伝えることはもちろん大切です。ただ、正しさだけを前面に押し出して伝えると、部下は自分自身の在り方が「間違っている」と存在を否定されているように感じ、ムズムズややる気を引き出すどころか、すべてが嫌になってしまいかねません。

人は教わったことを思い出す時、その指導を受けたシーンもセットで思い出しがちです。実際、私も、お客さまに思いっきり断られたとき、電車で顔が挟まった講師の方のお話、変顔を思い出し、1人で思わずクスッとなりました。

大事なことを思い出すたびに、嫌な気持ちになるか、前向きな気持ちになるかの二択なら、当然、前向きな気持ちになるほうがいいですよね。

部下や後輩を指導する最大の目的は、自発的によき仕事をし、成長してもらうことです。そして、人はそもそも、人に言われて動くより、自分で感じ、自分の判断で動

きたいものです。そのほうが自信につながります。

また、楽しいと人は笑顔になります。そして、笑顔になっている時、人は素直に相手の言葉を受け入れることができやすい状態です。

楽しいお話は、頭ではなく心を動かし、そのまま心に残ります。

正しいことを楽しく伝えることで、頭で考える暇もなく、ワクワクムズムズするので、自発的に正しいことを行わずにはいられなくなるのです。

笑顔になると、人はポジティブになることが様々な心理学の研究でわかっています。失敗して落ち込んだとしても、上司や先輩の教えを思い出して笑顔になれたら、「よし、また頑張ろう」と動くことができます。

相手が笑顔になってムズムズして動き出すことを想像して、まずはあなたが楽しみながら伝えてあげましょう。

ムズムズPOINT

相手が「～したくなる」ように興味を持たせる

MUZU 2 MUZU

「できない」は『したくない』と同じ

相手の真意に耳を澄ます

「いい仕事がしたい」「成長したい」「○○になりたい」など、仕事に対してムズムズすると、人は大きく成長します。

部下指導のポイントもまた「ムズムズ」というわけです。

指導を要する部下ということは、仕事において自信がない状態ともいえます。そんな時、自分を見てくれている、自分のことをわかってくれている上司の存在は、とても嬉しく、心強く感じます。そして、この人のことは信用しよう、ついていこうと考えます。

また、人は元来、自分のことをわかってくれる人に心を許し、その人の言葉を素直に受け止める習性があります。そして、この人がこんなに教えてくれるのだから頑張りたい、とムズムズするようになります。

CHAPTER1でお話しした「この人」の存在に、上司であるあなたがなれれば、部下に仕事を教えるうえで、とてもいい環境となります。

部下のことを知るには、部下に対して興味を持ち、発する言葉や行動、態度を観察することです。そして、相手の真意に耳を澄ましましょう。

言語だけで判断すると真意を読み間違う

部下を観察するにあたって知っておいてほしいことがあります。

それは「人は嘘つき」だということです。

部下が「できない」と言っていても、本当はできないわけではなく「一人でできるか不安」とか「協力してほしい」と思っているだけかもしれません。

お客さまからクレームを受けた部下が、不安そうな顔をしながら「原因がわかりません」と言ってきた場合、「わかりません」の言葉の裏には、「本当のことを報告したら叱られるから怖い」と思って、言葉を濁していたなんてことも実はよくある話です。

違和感を覚える反応は、言葉をそのまま受け止めず、もうひと掘りしましょう。

たとえば、少々ハードな仕事を部下にお願いしたところ、「かしこまりました」と返事はあったものの、部下の眉間にシワがよっていたり、ドアの閉め方が荒かったりしたなら、それは、言葉とは裏腹に、心の中では苛立っていて、それを隠せていないことが明らかです。

部下は上司にはなかなか反論や依頼や指示を断ることができないものです。

そのため、言葉や行動では、上司であるあなたの指示に従って仕事に励んでいても、心の中では違うことを思っていることもあります。心の中の思い、つまり真意は、こうした非言語から読み取るほかありません。部下の言葉だけでなく、非言語のメッセージも見逃さないようにしましょう。

態度のほか、会話の「間」、なかなか行動に移さないなど、観察していると、「いつもと違うな」「おや?」と思うことがあれば、それも非言語のメッセージです。

「どうにかなるだろう」と思うかもしれませんが、何もしなければ、どうにかなることはありません。

人がムズムズするときは、「〜したい」と思えるときです。気分を害していたり、怒りや諦めの気持ちを抱いていたり、強制や抑圧によって動いているときに、「〜したい」とは思えないですよね。

嫌な空気、ぎこちない関係をごまかしながらいくより、いったんその空気感を変える会話が必要です。

「少しハードな仕事を依頼してしまったかもしれませんが、あなたならきっとできると思ったのでお願いしました。ただもし、上司に頼まれたことだから……と無理して引き受けているのだとしたら、正直に言ってくださいね。他の人にも協力してもらえないか頼んでみますから」

部下にこう声を掛けるだけでも、部下は「わかってくれている」「見てくれている」と気持ちを切り替え、仕事してくれるはずです。

ムズムズPOINT

部下からの非言語コミュニケーションをスルーしない

MUZU 3 MUZU

相手の可能性・未来を信頼する

「やってあげる」は部下の成長を邪魔することと同じ

部下に限った話ではないですが、仕事ができない人、仕事が得意でない人と接する機会もあるでしょう。

そんな時、つい手伝ってしまったり、やってあげてしまったりしていませんか？

たしかにその場は仕事もうまくいき、相手からも感謝され、よいことをしたように感じるかもしれません。

しかし、結局本人たちがその仕事をきちんとできたわけではないので、またその仕事が回ってきても、できないままです。**良かれと思ってやった親切が、相手の成長の機会を奪ってしまっていることになるのです。**

さらにこの時、あなたが意識できていなかったとしても、「どうせできない」「どうせこの人は言ってもわからない」という思いがあるとしたら、相手側があなたのその思いに気づいて、「どうせできない人だと思われているだろうし」と、ますますやる気を失ってしまいます。すると、成長する可能性もますますなくなってしまいます。

仕事ができなくて困っている人がいたら、なるべく早いうちに「どうしたら、その人ができるようになるか」を考え、サポートしてあげるのがベストです。そうしないと、間違ったやり方、うまくいかないやり方が身についてしまい、なかなか抜け出せなくなってしまいます。

人は誰もが自分の考え、やり方、在り方、思い込み、コミュニケーションのパターンを持っています。これまでの生きてきた環境の中で培われたり、親に教わってきたことや刷り込みだったりすることが多く、なかでも、幼少期の親子関係に影響を受けていることが多いとされています。

つまり、環境が大きく影響するということです。**仕事がうまくいく環境にいることで、仕事がうまくいく考え方、仕事の仕方が身につきます。**

やってあげるのではなく、導いてあげましょう。

部下の可能性を信じる

部下をサポートする際、必ずしていただきたいことがあります。

それは、**部下を信じ切ることです。**

「この人の可能性を信じよう」

「この人にわかる言葉で伝えれば、必ず理解できるはずだ」という思いで接しましょう。

一緒にいる相手が自分のことをどう思っているのか、たとえば「この人、自分のことが苦手なのではないか」「期待してくれているようだ」など、なんとなくわかること、ありませんか？

自分に自信がない時は、そのアンテナがより敏感になり、相手の気持ちがよりわかってしまうものです。

仕事がうまくいっていない時の部下は、上司にどう思われているかが気になるため、あなたに対するアンテナは超敏感な状態です。自信がないため、ややネガティブに解釈しがちになる人もいます。その状態で、よい仕事をするのは難しいのは明らかです。

上司として、「この人は絶対できるようになる」と信じ切り、言葉で伝えると、部下は安心し、「こんな自分を信頼してくれているのだから、頑張ってみよう」とムズムズ仕事に励むことができます。

とはいえ、今できているわけではない部下を信じ切るのは簡単ではないでしょう。

実は、おすすめの方法があります。それは、**「理由をつける」ということです。**

「この人はミスをするけれど、ミスをしてしまった後、きちんと振り返り、気づいたことをメモして、次に同じ間違いがないよう心がけているから大丈夫」

「メンタルをフォローしてあげれば、人への恩は忘れず返そうとする人だから、取引先や未来の部下から信頼される営業マンになるはずだ」など。

信じる理由を見つけ、それをご本人にも共有してあげれば、嬉しくなってムズムズして「期待に応えたい！」と頑張り出すはずですよ。

ムズムズPOINT

上司の仕事は部下の可能性・未来を信じることから始まる

MUZU 4 MUZU

「自分しかいない」と思わせる

「自分しかいない」と自覚すると力を発揮する

「自分しかいない――」そう自覚したとき、人は火事場のバカ力で、すごい力を発揮します。そして、これまで以上に大きなことができるようになります。

2020東京五輪でバスケットボール女子日本代表チームを銀メダルに導き、現在、男子代表のヘッドコーチを務めているトム・ホーバス氏は、五輪開催の5年ほど前から、金メダルを取ると決め、選手に告げていたといいます。

そのために行ったのが、「本当に勝てるの?」という選手、チーム内の懐疑的な雰囲気を変えることでした。一人ひとりに、自分はメイン選手であるという自覚、「私がやらなくては」と意識するよう導いたのだそうです。

2004年のパリ五輪出場権を獲得したバスケットボール男子日本代表チームも同じ取り組みを行いました。その結果、48年ぶりの大快挙となったわけです。

「自分がやるんだ！　他に変わりはいないんだ！」

そう思えたら、ムズムズして、誰もが主役となれるのです。その時に大事なことは、プレッシャーをかけないこと。**信頼と期待を寄せ、「あなただから任せるんだ」と伝えることです。**

バスケットボール日本代表チームの選手たちの意識改革の取り組みの裏には、ホーバス氏の彼らならメダルを取れる、五輪に出場できるという信頼がありました。

そのことを選手たちも感じていたからこそ、「五輪に出てメダルをとりたい。それには、自分がやるしかないんだ」とムズムズワクワクしながら、ホーバス氏の指導についていったのでしょう。

「自分が自分のことを信じるよりも、トムが私のことを信じてくれた。ありがとう」

東京五輪を終えたときに選手が述べたこの言葉にホーバス氏は感動したそうです。

「信頼して任せてもらえた」からには、「結果を出そう！」

どうせ仕事をするのなら、誰もが、信頼されて仕事したいと思うでしょう。

ところが、一度は仕事を任せたものの不安になったり、信頼しきれなかったりして、つい部下の方に、次のようなネガティブな発言をしてしまう人がいます。

「売上目標達成するよう、せいぜい健闘を祈るよ！（達成したことないから難しいだろうけど）」

「あ〜、君に任せるんじゃなかった（やっぱりできないじゃないか！）」

これは、「裏面的交流《りめんてき》」といって、嫌味な裏メッセージを持った交流パターンです。

このような関わりを上司にされたら、部下もやる気になるはずがありません。

あなたにも、ご自身が若かった頃、同じような経験をして、悔しい思いをしたり、やる気を失ってしまったりしたことがあるのではないでしょうか？

中国古典に「疑わば用《もち》うるなかれ　用いては疑うなかれ〈疑勿用、用勿疑：通俗編〉」という言葉があります。

疑うならやらず、やるなら疑うな。そんな意味ですが、「君しかいない！」と指名して任せようと思うなら、最後まで信じてやらせる覚悟を上司は持つことです。

はじめのうちは、部下も不慣れですし、不安も尽きないでしょう。それでも、「この人なら任せられるかも」という人に少しずつ任せていきましょう。

「自分がやるんだ！　他に変わりはいないんだ！」

そう思わせてくれた上司の思い、信頼を裏切らないよう、部下も結果を出そうと、喜んで動き出すはずです。

ムズムズPOINT

部下を信頼し、任せる覚悟を持つ

MUZU 5 MUZU

自分の力・可能性・想いを信じる

自信のない上司を部下は信頼できない

部下指導をするうえで忘れてはいけないのが、上司が自分自身のことを信じることです。

「自分を信じる」とは、字の通り、「自信」を持つということです。自信がない＝自分自身を信頼していないということになります。

「上司として自信を持つことと、部下指導に何の関係が？」と思われるかもしれません。先ほど、部下は上司が自分のことをどう思っているかを肌で感じているというお話をしましたが、この時、上司がどんな状態かも一緒に感じ取っています。

この時、上司が自信のない状態だと、部下も次のように感じてしまいます。

「自分（部下）のことを信じてくれているのはありがたいけれど、上司自身が自信なさげだと、自分（部下）のことを信じていることも間違っているかもと思っているのかな？　本当に大丈夫なのかな……（不安）」

「私（部下）のことを信頼していろいろ教えてくれるのはありがたいけれど、なんか自信なさげなんだよな。教えてくれること、本当にあっているのかな？　信じていいのかな？（不安）」

こうなってしまうと、どんなに部下を信じて応援していても、部下から上司への信頼が薄れてしまい、結果として、部下の成長の邪魔をしてしまうことになりかねません。

あなたが「これでよろしいでしょうか？」と上司に質問をした際、「あ、ああ……いいと……思いますよ……」と答える上司と、「お〜、いいね〜。それならきっとうまくいきますよ！」と答える上司とでは、後者のほうがいいですよね。部下として、安心して仕事に取り組めます。

自信なさげなアドバイスを信じ切ることは誰だって難しいはずです。

「私なんか無理」を外す

とはいえ、上司としての自分に自信を持つということは、なかなか難しいことのように感じるかもしれません。

それでは、ちょっとだけワークをしましょう。

まず、あなたがこれまでの人生でやり遂げたことをリストアップしてみましょう。箇条書きでよいので、紙に書き出してみてください。

「やり遂げたことなどない」という人もいるかもしれません。このワークを私の講座等でもよく行うのですが、毎回、数名の方がそのようにおっしゃいます。ですが、正しくは、「やり遂げたことを思いだせない」だけ。様々なことを、皆さんはやり遂げているはずです。

学生時代、皆勤賞を取った。習い事で優勝した。苦手な給食を最後まで食べた。一人でおばあちゃんの家まで飛行機に乗って行くことができた。留学した。一人暮らしをした……。いかがでしょう？　何かしら思い当たることはありませんか？

「なんだ、そんなこと？」と思うかもしれませんが、どれもすごいことです。どんなに小さなことであっても、しっかり自分を認め、労い、褒めてあげてください。

そして、心の栄養にして「だから、私はやればできる!」と自分に言い聞かせましょう(自分がやればできるということに「理由をつける」ということです)。

そして、もう一つ、ワークをしてみましょう。

部下に何かを説明する際、自身なさげに話さないことを試みることです。

そうは言っても、いつもうまく伝わらないし……、前回の会議で勇気を持って伝えたけれど笑われたし……など、頭の中をよぎる出来事もあるかもしれません。その時は、そんな自分を許してあげてください。

過去を引きずったままだと、うまくいかなかった自分像にとらわれ、うまくいかない確率が高まります。**過去の自分を受け止め、いま、頑張っている自分を受け止め、理想の未来に許可を出してあげましょう。**「次こそうまくいっていい」「部下に理解されたっていい」など、「~したっていい」と言ってあげることで、体の緊張や心のブレーキが解け、目の前のことにムズムズできるようになります。

ムズムズPOINT

「部下が安心してアドバイスや指示を聞ける人」になる

MUZU 6 MUZU

教えようとせず、伴走者になる

勝手な上司像に振り回されない

先ほど、上司として自信を持つことの大切さをお話ししました。講座等でも、そのようにお伝えすると、「自信を持つのは難しい」「どうあるべきかが、わからず不安」など、質問やご相談をいただきます。

この時私は、「教えようとせず、伴走者になってください」とお答えしています。

上司として自信を持つことが難しいと考えている方の多くが、「上司は、完璧に仕事をし、部下に教えてあげなくてはならない」と思い込んでしまっているように思います。

ですが、「自分が引っ張ってあげないと! 教えてあげないと!」という思いは必

要ありません。また、自分よりすごい人を前にし「私にはあんなリーダーにはなれない」と委縮する必要もありません。

部下指導を任されたということは、それだけあなたに会社が期待しているということです。つまり、それだけの知識、力量があるということ。このチャンスを機にさらに素晴らしいリーダーになれる自分なのだと捉えることです。

経営の神様といわれる松下幸之助さんは「経営者にとって大事なことは、優秀な部下を集め、あるいは、育てることや」とおっしゃっています。自分が上司として、一番優れていなければいけないのではありません。自分ができないことを、できる人に依頼し、その人の活躍の場をつくることが優秀なリーダーに必要な要素です。自分ですべて抱え込むのが上司の役目ではないのです。

そのうえで、部下が困った時、悩んだ時は察知して、アドバイスをしていきます。**部下にとって、「困ったとき、新たな仕事、ステージに行くとき、いつもそばにいてくれる、頼りになる人」＝伴走者になるのです。**

不満ではなく理想にフォーカスし、上司が勝手にムズムズする

たとえば、気が利かず、指示待ち族の部下がいたとします。上司として、育てるのは大変なタイプかもしれません。

この時、「なぜ動かないのか？」といった原因追及や「何を正せばよいか」「どう教えればいいだろうか」とすべきことを考えるのではなく、「その部下がどのように動いてくれたらいいだろうか。そうだ、彼は指示しなくても、期待以上の仕事ができる人になれるとよりすてきだな」など、未来の理想的な姿をイメージしましょう。

脳は、「意識したものを（情報として）集める」といった特徴があります。

部下のできないところにばかりフォーカスしていては、不満が募るばかりです。**過去や今がどうであれ、上司が誰よりも部下の成長をイメージしましょう。**

理想をありありと描き、そうなるためにどうしたらいいのか、課題は何か、目標を叶えるには何から取り組んだらいいのか考え、ワクワクムズムズ部下と接していれば、部下にも必ずムズムズが伝染していきます。

「信頼」は人を成長させ、「期待」は人をやる気にさせます。

ギリシャ神話が基となった「ピグマリオン効果」をご存じですか？「心から期待したことは相手も応えてくれる」というものです。その有名な例をご紹介します。

アメリカの小学校でテストを行い、そのテストの実際の結果に関係なく、生徒を2つのグループに分け、1つ目のグループの生徒たちを「成績が悪い」、もう1つのグループの生徒たちを「成績が優秀」であると担任の教師に伝えました。その後、半年間指導に当たってもらった結果、1つ目のグループの生徒たちの成績は落ち、もう1つのグループの生徒たちの成績は格段に伸びました。教師の期待感が、生徒たちのパフォーマンスに影響を与えたといえます。レッテルを貼ったことにより、生徒たちはその通りになってしまったということです。

悪いレッテルは外し、期待して信頼してみることが、ムズムズを生みます。

ムズムズPOINT

成長した部下を想像しながらサポートに徹する

MUZU 7 MUZU

話題のシャワーを浴びせる

第三者の言葉のほうが伝わることもある

あなたが人を説得するのが苦手であったとしても、相手をムズムズさせる「とっておきの方法」があります。

それは、「話題のシャワーを浴びせる」ということです。つまり、**情報を聴かせてあげたい相手を、その情報があふれている環境に導くのです。**

たとえば、なかなかやる気になってくれない部下A君がいたとします。

彼の同期であるB君、C君、D君は、やる気満々で良きライバルとしてお互い切磋琢磨している関係です。

ふだん、A君とB君たちとは交流はあるものの、がっつりと仕事の話をしているわけではないため、B君たちが仕事について意見・情報交換をしている場にA君を参加させることにしました。

すると、いい情報を交換し合い、切磋琢磨しているB君、C君、D君の会話を、シャワーを浴びるように聴くことで、これまで思ってもみなかったこと、気づけていなかったことをA君は知ることができたのです。

上司が同じような話をしても、「また注意された」と、つい聞き流してしまうようなことでも、同期の言葉であれば新鮮で、素直に聞くことができることがあります。

さらに複数の人たちの言葉であれば、いろいろな考え方、言葉が飛び交うことになり、本人に響く言葉に出会う可能性も高くなります。

同じ境遇の仲間との話題のシャワーが響くことも

先ほどは、うまくいっているB君たちの中に、なかなかうまくいかないA君を参加させましたが、お互いにうまくいっていない、同じ境遇の人たちの話題のシャワーを浴びせるのも効果があります。

天才キッズクラブの田中孝太郎さんは、幼児たちに、逆立ちや側転、跳び箱などをチャレンジさせていらっしゃいます。できない子がいると、「やっぱりまだそれは早いのでは？」と大人は思いがちですが、子どもたちと一緒に「できる、できる」と応援し、全員ができるようになるから驚きです。幼少期のこのような体験は、本物の自己肯定感・自己効力感を育むと思いますし、本当に感動します！

同じ課題を抱えた人たちが、次々にクリアしていく様子を見せてあげる環境を用意するのです。そうすることで、こちら側が意図していなくても、勝手によい結果を生むことがあります。同じ想いを持って頑張る者同士、その間で交わされる情報はとても貴重だからこそ、そこから化学反応が起きるのでしょう。

一歩先に進んだ人の話をみんなで聞く

もう一つ、話題のシャワーのパターンをご紹介しましょう。

Sという講座の受講生のコミュニティがあります。

実はその先にはTという講座も控えていて、S講座を受講後、T講座に進むかどうかは自由です。講座の主催者としては、多くの講座を受けて、学びを広げてほしいという思いがあります。一方、受講生としては、受けたほうがいいのか、検討して決めたいという思いがあります。

そこで主催者は、S講座の受講生のコミュニティに、T講座の卒業生Uさんをゲストで参加させることにしました。すると、T講座を実際に受講した人の感想を聞きたいからと、S講座の受講生は、次々に質問し、コミュニティは大盛り上がり。その結果、例年より多くの方がT講座を申し込んだのでした。

一歩先に進んだ人の話は、自分の理想の未来をありありと想像できる、ムズムズのきっかけとなるのです。

ムズムズPOINT

誰の言葉なら響くのかを吟味する

参考文献

●『世界は感情で動く』マッテオ・モッテルリーニ 著　泉 典子 翻訳（紀伊國屋書店）
●『経済は感情で動く』マッテオ・モッテルリーニ 著　泉 典子 翻訳（紀伊國屋書店）
●『マーケティング発想法』セオドア・レビット 著、土岐 坤 翻訳（ダイヤモンド社）

●電通報 「"Dual AISAS"で考える、もっと売るための戦略。」
https://dentsu-ho.com/articles/3100
●大谷選手の言葉　NHK　NEWS WEB　ほか
https://www3.nhk.or.jp/news/html/20230324/k10014018941000.html
●ゴア元副大統領　アフリカのことわざ
https://www.tokyo-np.co.jp/article/135987
●日本NLPアカデミー
https://www.nlpjapan.jp/nlp-glossary/4723/

MUZU
MUZU
CHAPTER
5

SNS、サイトなど書き言葉でムズムズさせる

MUZU 1 MUZU

SNSでムズムズさせる「掴み」

いかに「掴み」を早いうちにわかりやすく持ってくるか

近年、音楽のありようが大きく変わったそうです。ストリーミングやYouTubeで音楽を聴くのが当たり前となったことから、前奏が長いと売れなくなっているとか。

一般的に、30秒以上で1再生とカウントされ、それ以下だと収益にならないため、30秒という短い時間で聴き手の心を掴む必要があります。2022年の上半期「Billboard JAPAN Hot 100」の上位20曲を見ても、前奏が10秒未満である曲が半数以上です。

最初に「掴み」となる部分がないとスキップされる。これは、SNSの文章、動画なども同じです。

TikTokやInstagramのリール、YouTubeショートなどは、スマホで視聴する人も多く、最初の2～3秒で掴みがなければ、スワイプされてしまいます。Facebookでは、「続きを見る」の前までの5行が勝負です。

短時間で「ん？　なんだろう？」「そうなの？」「なにこれ！　面白そう！」と、読者や視聴者が思わず手を止める、目を奪われるような掴みを仕込む必要があります。

プレゼントと聞くと人はムズムズする

誰もが簡単に取り組めるのは「プレゼント」です。

読者や視聴者が喜ぶ魅力的なプレゼントを提供するコツは、プレゼントを受け取ったら「どうなれるのか？」を、明確に伝えることです。

また、こちらの要望を「ぜひぜひ！」と押すのではなく、相手の喜ぶものを差し出してあげること。それが喉から手が出るくらい欲しいものであれば、ムズムズして迷わずポチッとなります。

読者や視聴者が何を望んでいるのかを把握するには、聞いてしまうのがいいでしょう。

Instagramのストーリーズのアンケート機能を活用したり、「○○に興味ある人いますか?」とSNSに投稿してメッセージやスタンプで回答いただいたりなど、交流しながら相手を理解していきましょう。

「敵を知り、己を知れば百戦危うからず」という言葉がありますが、相手の現状や希望を把握し、ご自身の提供したいものが、相手にどれだけ役立つのかを理解した後、発信したら、あなたの発信が届けたい相手にしっかり届きます。

「たった一人」を設定する

もう一つ大切なことは、あなたが届けたい相手の像を明確にすることです。

これをマーケティング用語で「ペルソナ」といい、サービス・商品の典型的なユーザー像のことを指します。ビジネスでSNSを活用している場合は、「理想の読者・視聴者(お客さま)」のことです。

ペルソナを設定しないと、誰に向けて何を提供すればよいのか迷ってしまい、その結果、相手をムズムズさせることのできない発信になってしまいかねません。

たとえば、「痩せたい人だったら誰でもどうぞ～」としてしまうと、上半身は痩せているのに足が太くて悩んでいる女子高生、ストレスでドカ食いして体重が急に増えてしまった社会人の男性、妊娠してから体重が戻らなくなってしまった女性など、太ってしまった要因がまったく違う人たちが集まってしまいます。これでは、痩せる方法を提供しても効果が出る人、出ない人が現れ、情報の信頼度も脅かすことになります。

「産後、太ってしまった女性の方へ」など、どんな人が対象なのかをかなりしっかり明確に、それこそ「たった一人の人」の姿を設定することで、「まさに私！」と思う人が現れ、あなたの言葉が刺さるようになります。たった一人の像に絞ることで、その人を想像しながらブレない発信ができるため、さらに選ばれやすくなるのです。

たった一人の理想の人を決めるポイントは、「どんな人の役に立ちたいか」。どんどん掘り下げて、「たった一人」を見つけましょう。

ムズムズPOINT

SNSの成功は掴みのスピードとターゲット設定が大事

MUZU 2 MUZU

消費者心理を理解する

SNSが人気の企業の3つの共通点

今や、企業の7割以上がSNSをマーケティング活用している時代。SNSが人気の企業は、次ページにまとめています。覗いてみるといいでしょう。WEBサイト制作などを手がけるTRASP株式会社の調査によると、SNSが人気の企業には、次の3つの共通点があるそうです。

1　親近感や個性を適切にアピールできている
2　魅力的なキャンペーンを実施している
3　ユーザーとコミュニケーションをとっている

ＳＮＳが人気の企業例

YouTube……………佐藤葬祭、リサイクルショップのハードオフ　など

Facebook……………ユニクロ、花王、全国の厳選したホテル・旅館を紹介する宿泊予約サービスのリラックス　など

Instagram…………日産、東京ディズニーリゾート、人気ナンバーワンの簡単料理や幸せレシピを投稿しているTasty Japan　など

X（旧Twitter）…ローソン、キングジム、タニタなど

TikTok………………ドミノピザ、ロート製薬、ANA、三和交通　など

宣伝重視ではなく、読者や視聴者とのいい関係を築いていること、読者や視聴者の喜ぶ情報を提供できていることが人気の理由と言えるでしょう。

最近、私が注目しているのは、ＡＮＡと三和交通です。

ＡＮＡは、アカウントを開設後、１年強でフォロワーが20万人を突破した、人気のTikTokです。社員が総出演していて、ＣＡによるスカーフの結び方のレッスンや、パイロットの方の早着替え、飛行機の前での整備士のダンスなど、人間性が伺えるような投稿が特徴です。海外の美しい景色も紹介されるので、見ているだけで旅行したくなります。

三和交通は、取締役部長の溝口孝英《みぞぐちたかふさ》さんがダンスをしているTikTokの動画がバズり、一躍話題となりました。この動画を観て「楽しそうな会社」と入社を決めた社員もいるそうです。

「Z世代の就活生のTikTok活用実態」に関する調査によると、「２０２３年卒の学生の81パーセントがTikTokで企業動画を見たことがある」と回答。「そのうち、66・2パーセントがエントリーした経験がある」と答えています。

今やTikTokは、採用活動に効果的であることがわかっています。就活生も、企業SNSによる情報提供の恩恵を受けているわけです。

ANAも三和交通も、先ほど紹介した3つの共通点がそれぞれ演出できており、さらに企業の素晴らしさを真面目に紹介する以上に、「楽しそう」と思わせることに成功しています。

人は「楽しい」こと、いわゆる脳が「快」となる状態が大好きです。それは、本能といってもいいでしょう。

「楽しい」は人を惹きつける、最高の掴みになるのです。

消費者の購買行動プロセスを踏まえて発信する

企業がSNSを活用する理由として、ネット上での商品販売があるでしょう。

電通が提唱した消費行動モデルに「『買いたい』のAISAS（アイサス）」と「『広めたい』のA＋ISAS」という理論があります。

前者は「A」(Attention：認知・注意)→「I」(Interest：関心・興味)→「S」(Search：

検索）→「A」（Action：行動（購入・申込）→「S」（Share：共有・発信）の流れで、人は消費行動に至るというもの。後者は、「A」（Activate：起動・活性化）＋「I」（Interest：興味）→「S」（Share：共有・発信）→「A」（Accept：受容・共鳴）→「S」（Spread：拡散）という流れです。

最近は「広めたい」というムズムズが強い人が多く、興味（Interest）を持ったネットワーク上の情報を自分一人で楽しむのではなく、自分の意見や感想、感情を載せてSNS等で「共有・発信」（Share）する人がほとんどです。

話題のお店は、たいていの場合、シェアでどんどん広がっていますよね。

つまり、「広めたい」何かを提供することで、ムズムズさせることができるということです。

「なにこれ、すごい！　皆に教えなきゃ」「こんなの初めて見た！　広めたい!!」など、驚きと喜びを提供すると、「広めたい」人たちに響くはずです。

お客さまの心理を知り、行動につなげていきましょう。

ムズムズPOINT
視聴者、読者と一緒に楽しむ

「『買いたい』のAISAS」と「『広めたい』のA+ISAS」に流れる情報

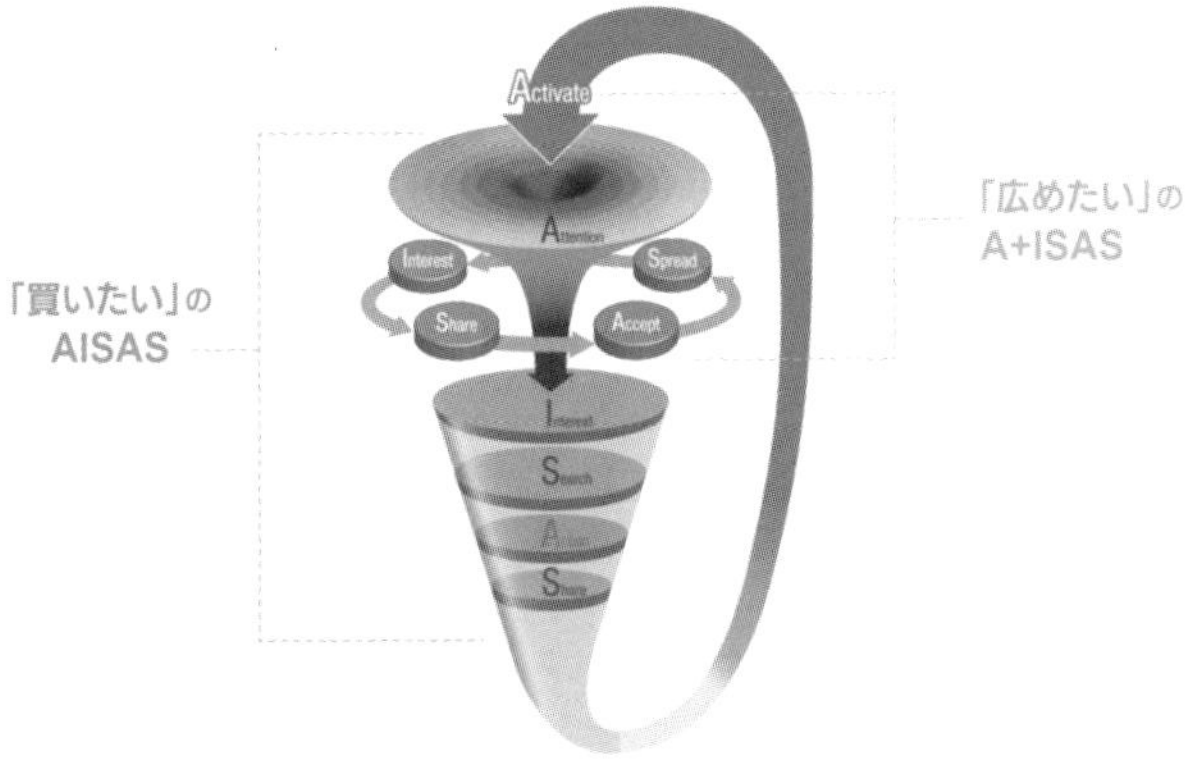

(Dual AISAS Model)

A+ISAS:「A」(Activate:起動・活性化)+
「I」(Interest:興味)→
「S」(Share:共有・発信)→
「A」(Accept:受容・共鳴)→
「S」(Spread:拡散)

(出典)「"Dual AISAS"で考える、もっと売るための戦略。」電通脳サイト　より

MUZU 3 MUZU

理屈より感情に訴える

SNSを「エンゲージメント」を構築する場にする

企業のホームページや広告、SNSの発信において、伝えるべきことがあります。

それは、商品の性能以上に、ご愛用者の喜びや感動、どれだけ便利で快適で、素敵な日々になるかが想像できるような情報です。

今や人がものを買うスタイルが多様化され、SNS等で商品、サービスと出合っても、すぐに購入せず、「同じ商品をもっと安く販売しているところはないか？」「この企業はどんな企業なのか？」「この商品への想いは？」などを調べ、間違いないと確信を持ってから購入する人が少なくありません。

実際、商品の比較サイトや、実際に使った人の商品紹介YouTubeなどは、人気サイト・コンテンツとなっています。

ネットは情報の宝庫です。様々なことを調べることができるからこそ、あえて企業が自ら、様々な情報を提供することで、顧客を惹きつけることができ、企業と顧客の深い繋がりや結びつき、つまり、「エンゲージメント」が強まります。

読者、視聴者の「感情に訴える」というわけです。

私は起業家の方や営業職の方、副業をしている方などに、お客さまとの出会いからご成約に至るまでの関わり方をお伝えする講座を行っています。その講座では、「クロージング（セールス）は、お客さまへのプロポーズ」であるとお伝えしています。

プロポーズというと、結婚の申し込みをイメージされるかと思いますが、まさに、その意味で使っています。

ビジネスと恋愛は本当に似ています。どんなに条件の良い相手でも、それこそ年収も多く、地位のある方であっても「好き」と思えない相手から突然結婚を申し込まれてもＯＫしませんよね？　反対に、さほど年収も多くない、個性も強くない方であっても、しっかり関係を構築し、「あの時あんなことをしてくれた」「こんなことを言ってくれた」と感情が動くポイントがたくさんある方ならOKしたいと思いませんか？最後は理論でなく、感情で結婚を決める方が多いことでしょう。

企業が商品やサービスを販売しようとするときも同じです。お客さまの心が動くよう、ムズムズさせてあげることで、カップル（購入・契約）になり、エンゲージメントが始まります。

SNSと読者、視聴者の関係もまた、同じと言えるでしょう。ムズムズは、理論で起こせるものではありませんので、SNSでは読者・視聴者の感情を刺激していきましょう。

SNSが楽しいと、顧客が常連になっていく

企業自ら、様々な情報をSNSで提供していくと、顧客も正しい情報を求めて、企業のSNSに集まってきます。

企業のサイトを定期的に訪れるお客さまは、だんだんと商品だけでなく企業に関す

る情報にも目を向けるようになります。

どんな方の役に立ちたいのか、どんな想いで商品を提供し、どんな想いで仕事をしているのかという企業としての「想い」や「理由」を知ってもらうことで、興味の対象が商品から企業に変わり、「こんな商品を作っている企業なのだから、今度の新製品も信用できるだろう」などと、だんだんと企業に信頼を寄せるようになり、信頼が積み重なると、その企業の「ファン」として応援したくなります。

一度応援を始めると、人はそう簡単には引き下がれないもの。つまり、後は関係性を構築していけば、長く、共にあり続けることができるでしょう。

ムズムズPOINT

エンゲージメントを築くと顧客がファンになる

MUZU 4 MUZU

画像で「ムズムズ」を演出する

脳は処理が楽で理解しやすい画像を文字よりも好む傾向がある

「視覚情報は、文章より6万倍も早く脳に伝達される」という調査結果があります。Search Engine Journal のコラム「視覚によるストーリーテリング」（原題：Visual Storytelling: Why Data Visualization is a Content Marketing Fairytale）では、次のように述べられています。

「平均的な読者は1ページの単語総数のうち28パーセントしか読んでおらず、文章にすると2〜3行程度に止まる。それでは伝えたいストーリーが伝わらない。内容が素晴らしいだけでは不十分で、内容を確実に伝達するためには視覚化することが重要だ。

本来、脳は視覚処理に優れており、画像の内容を瞬時に理解できる能力を持っているが、Web上は、圧倒的に文字情報が多く、脳が疲れてしまう。そのため脳は、処理が楽で理解しやすい画像を、文字よりも好む傾向がある。また、視覚による情報伝達は、自己の経験として取り込みやすく、そのストーリーを人に伝えやすい」

印象的な画像により、文字を読む確率が高くなるのです。その秘訣は次の4つです。

1 赤ちゃんや動物、キャラクターの画像
2 ビフォーアフターの画像
3 美しい女性の画像
4 表情や行動がわかりやすい画像

1つ目の「赤ちゃんや動物、キャラクターの画像」は、商品の説明と、使った後のイメージを演出するのに使えます。

たとえば、「空気の質を上げる天然素材の壁」のチラシや広告の場合。緑に囲まれ、珪藻土《けいそうど》などの天然素材の壁で作られた家で、ご機嫌な赤ちゃんと両親が笑い合っている画像なら、商品の良さが一瞬で伝わりますね。また、可愛い動物やキャラクターの画像で、親しみやすさや印象アップを狙う場合もあります。

2つ目の「ビフォーアフターの画像」は、ダイエットや美容系の商品の広告やチラシなどで、この商品を使うとこうなれるといったイメージを伝えるために使います。たとえば、「○カ月で○キロ減！」と数字で伝えるのもムズムズしますが、困った顔でぽっちゃりしたお腹のビフォー画像と、くびれたウェストで自信満々のアフター画像が並ぶほうが、ひと目でダイエット商品の効果がわかります。そして「私もそうなれるかも」とムズムズさせることができます（ライザップのCMが好例でしょう）。

3つ目の「美しい女性の画像」。人は美しいものに惹かれる習性があります。発達心理学者ロバート・ファンツは、「新生児でも人の顔が認識できる。生後間もない赤ちゃんでさえも、不美人な女性の画像より、左右のバランスが整った美人な女性の画像をよく見る」という研究結果を明らかにしています。人は、美しい人が好きなだけでなく、左右のバランスが整っていると安心するのです。

4つ目の「表情や行動がわかりやすい画像」は、笑顔はもちろん、怒りや悲しみ、恐怖の表情、ジャンプ、走る、ハイタッチ、握手など、伝えたい内容が一瞬でわかる行動を写した画像は、ユーザーのムズムズを誘い、記事を読む確率が高まります。

笑顔の力を借りる

また、共通して、笑顔の画像は強力です。笑顔の画像があると、エンゲージメント率が高まるといわれています。

オハイオ大学やハワイ大学の研究によると、チームや友人と会話や仕事をしているときに、人の感情が波動のように共鳴し、似たような感情になることを発見しました。

これを「感情接触感染」または「情動感染」といい、一緒にいる人の感情が伝染することを指します。それが自動的・無意識的なので、ネガティブの場合は厄介ですが、赤ちゃんが満面の笑みで笑いかけている画像であれば、思わず笑顔になりますよね。

効果的にムズムズを引き出すために、画像を活用していきましょう。

ムズムズPOINT

相手の目を惹きつけるアイキャッチ画像を活用する

MUZU 5 MUZU

「そんなこと言われたら……」と思わせる

「断る理由なんてない」は最強の掴み

SNSでは読者、視聴者の心を、短時間で「掴む」ことが大事だとお話ししました。

ここでは、最強の「掴み」の1つをご紹介しましょう。

「断る理由なんてない」「見ない（聞かない）理由もない」と思わせること。

これができたら、ムズムズどころか、相手を具体的行動につなげることができます。

ちょっと想像してみてください。

今日は仕事に集中するぞ！　と思ってPCに向かって調べものを始めたら、「今なら○パーセントオフ」という広告が出てきた！　なんてこと、ありませんか？　一度はスルーして仕事に取り掛かったものの、何度も同じ広告が出てきて、とうとう「○

パーセントオフは本日23時59分まで！」とアピールされたら、いかがでしょう？　開かないわけにはいかないですよね。

それが、以前に「買おうかどうしようか迷ったことのあるもの」だったら……？　「欲しいなあ」と、心の中で思っていたものだったとしたら……？　「ちょっとだけ見てみようかな」などと言って、確実に開くでしょう。「見ない理由」なんてないですから、自然の行動です。

もしかしたら、軽く見るだけのつもりだったのに、つい真剣に検討してしまった、なんなら買ってしまった！　なんて経験がある人もいらっしゃるかもしれませんね。

さて、もう少し、お付き合いいただきましょう。

ＰＣ仕事を頑張りすぎて、目や肩が疲れたなと思っていたら、「その肩こり、慢性化すると思わぬ危険が！」なんて文字がＰＣ画面に飛び込んできた！　どうやら人気ブログの最新記事のタイトルのよう……。あなたなら、どうしますか？　気になりますよね。やや恐怖も感じ、開かないわけにいかないですよね。

言い換えると、相手を今、あなたが想像したあなた自身の状況に置くと、「続きが気になるから、読み進めよう」「結果を知りたいから、クリックしてみよう」とムズムズし、あなたのつなげたい先（ＳＮＳからメルマガやＬＩＮＥ公式やホームページ等）にエスコートできるというわけです。

最強の掴みをつくりだす13STEP

あなたのつなげたい先にエスコートする最強の「掴み」は、次の13のＳＴＥＰでつくり出します。

どんな商品の説明か考えながら、読み進めてみてください。

STEP1 相手の耳が開くことを冒頭で伝える

まずは聞く耳を持たせます。どんなにいい話も右から左に流れてしまうので。

「もしかして、歯磨きをしないまま、朝食を食べてはいませんか⁉

実はこの時、便よりも多くの細菌がお口の中に存在しています！」など。

歯磨きしたくてムズムズしますよね。

STEP2 その理由を書く

人はなぜそうするのか？　ということがわかると納得や共感ができます。

「口腔内の細菌がいちばん繁殖するのは眠っている時間です！」

「口腔内の細菌は、歯をよく磨く人で1～2000億個、ほとんど磨かない人はなんと1兆個です！」など。

STEP3 エビデンスを伝える

エビデンスとは、根拠・証拠・裏付けのことです。

社会的信用のある機関のデータや事実などをエビデンスとして提示すると、述べる内容について、読者、視聴者が安心します。信用していいんだと思っていただけます。

「わが国の歯科界を代表する唯一の総合団体である、日本歯科医師会によると」

「『○○大学歯学雑誌』○○号に掲載された研究論文によって発表された」など。

STEP4 現在の状況がなぜ起きるのか、社会的背景や心理などを解く

そもそも、なぜそこを問題視して商品・サービスを提供するようになったのか、その流れを知りたいと読者や視聴者は思うものです。経緯を知って、納得したいのです。

「歯磨きをせず朝食を食べる人の多くが、幼少期から朝食後に歯を磨くことが習慣になっているから」「朝は忙しいし、磨かなくても虫歯になっていない」など。

STEP5 共感する

STEP4の内容に対してしっくりこないまま、STEP6にいってしまうと、反発を買うこともあるので、ここで一度共感し、想いに寄り添います。

「幼少期からの習慣はなかなか変えられないですよね」「忙しい時間に、お子さまを無理やり歯磨きさせるのも嫌ですよね」など。

STEP6 問題・課題を解決する必要性を伝える

どれだけ汚い状態か認識してもらいましょう。

「ただ、便よりも多くの細菌がお口の中に存在しているという状態を、そのままにしておくのも嫌ですよね」など。

STEP7 商品を紹介する

ここでやっと商品の登場です。相手が問題意識を持ち、耳が開いた状態で話していくことが大切です。

「そこで、口臭をケアできる、このうがい薬です」など。

STEP8 その商品の特徴や可能性を伝える

今までの類似商品との違いや、使ったらどんな未来が待っているのかをお伝えします。また、問題が解決した先に感じる喜びや幸せ感などを伝えてあげましょう。

「これまでのうがい薬と違い、苦味も辛味もなく、メントールも強くありません。なのに、しっかり汚れを落とします。また口の中がスッキリするだけでなく、寝ている間に乾いたお口に潤いを与え、細菌も99パーセント追い出します。歯がキレイな人は美しいとされますから、好感度も上がります」など。

STEP9　愛用者の声を伝え、その興味を膨らませる

読者や視聴者は、自分が実際に使ったらどうなっていくのかということを知りたいので、その気持ちを満たしてあげましょう。そして、すでに愛用された方が、どのように喜んでいるのか、生の声を聞かせてあげましょう。その際に、どんな状態から、どう変化したのか、なぜ使ってみようと思ったのかを悟らせてあげると共感を呼びます。

STEP10　気になる値段を発表

ここでやっと、視聴者、読者がもっとも気になる値段を発表します。

まず商品の価値や特典、お得情報（◯パーセントオフ、ここだけの限定価格など）をお伝えしたうえで、金額を伝えます。価値が伝わった後だと、金額の高い・低いだけで買える・買えないなどの判断をされないからです。

「通常店舗で購入すると○万円なのですが、本日ご覧の方だけに、○パーセントオフでご提供いたします！　その価格が実現したのも、店舗でなく、インターネットでの限定販売なので、実現しました！　その金額は……○万円です！」など。

STEP11　特典やお値引き等の発表

購買意欲が下がらないよう、値段発表の後、続けて、特典などをお伝えし、購入しやすさをアピールします。

「しかも今回に限り！　○○もセットでおつけして、金額変わらずです！　この機会にご購入ください」などです。

STEP12　返品保証や購入後のサポートについて説明

購入して終わりではなく、しっかりアフターケアしますという姿勢を伝え、安心と信頼を保証しましょう。

「商品到着後8日間以内でしたら、開封しないものに限り、返品を受け付けます」

「ご不明な点等ございましたら対応いたします。ご遠慮なくご連絡ください」など。

STEP13 限定する

人は期限を切らないと忘れてしまったり、先延ばしにしてしまったりすることがあります。そのため、いつまでなら可能なサービスなのか、期限を切りましょう。期間限定以外にも、ここでしか買えない限定品となると、購入につながりやすいですね。

いかがでしたでしょうか？

紹介した口臭ケアのうがい薬、欲しくなりましたか？

最初のオファーでムズムズしなかった方でも、お客さまの声や、特典や割引、限定価格などがあると、「それなら」とムズムズし、購入につながる方も多いです。

どんな構成で話すのか、しっかり台本を準備しておきたいですね。

ムズムズPOINT

感情を揺り動かす構成で伝えよう

最強の掴みをつくりだす 13 STEP

STEP1　相手の耳が開くことを冒頭で伝える
STEP2　その理由を書く
STEP3　エビデンスを伝える
STEP4　現在の状況がなぜ起きるのか、社会的背景や心理などを解く
STEP5　共感する
STEP6　問題・課題を解決する必要性を伝える
STEP7　商品を紹介する
STEP8　その商品の特徴や可能性を伝える
STEP9　愛用者の声を伝え、その興味を膨らませる
STEP10　気になる値段を発表
STEP11　特典やお値引き等の発表
STEP12　返品保証や購入後のサポートについて説明
STEP13　限定する

MUZU 6 MUZU

得より損を伝える

「損をしたくない」と思うとムズムズする

「プロスペクト理論」をご存じですか？

行動経済学者ダニエル・カーネマン氏とエイモス・トベルスキー氏が、1979年に提唱したものです。

「プロスペクト理論」とは行動経済学の理論のひとつです。その中に「損失回避の法則」というものがあります。損得の結果が分かれる場合、人は得することより、無意識に損しないほうを選ぶ心理があるという理論です。

たとえば、1週間分無料で試せるダイエット食品を紹介するとします。この時、たいていはよいところ、お得なところを伝えるでしょう。

「無料で1週間お試しいただけます！　この1週間で、3キロ体重が落ちた方、ウエストマイナス5センチになった方もいらっしゃいます!!」

このように、結果についても触れることで、視聴者、読者の期待感が膨らみ、試してみたくなるでしょう。

さらにムズムズを引き出すには、「○日までしか申し込めません」など期限を設け、「明日以降になると定価に戻ります」など、期限が過ぎたらどうなるかを書きます。日付だけでなく、具体的な時間まで書いたうえに「あと○日で終了です」「あと○時間で終了です」とカウントダウンしていくと効果的です。

期限までに申し込まないと損してしまう、特典が受け取れなくなると感じさせることで「もったいない」「申し込まないと！」というムズムズを起こさせます。実際、最終日の23時59分ギリギリで申し込んでくる方もいらっしゃいます。

209ページに、使えるフレーズをまとめましたので、参考にしてみてください。

「自分」に関することにしてあげる

対象者を限定して、「損失回避の法則」と組み合わせることもできます。対象者を限定することで「自分事」にさせて「損しないで！　今がチャンス！」と伝えると、相手の心を掴みやすくなります。

たとえば、次のような感じです。

「クロージングが苦手な起業家向け（対象を限定）に『お客さまの欲しいを引き出しお願いされる会話術』という講座で、お客さまとの出会いからご成約までの関わり方をお伝えしています。

どんなに発信や集客を頑張っていても、ご成約に至らなければ、今までの努力が水の泡になってしまいます（損失）。せっかくご縁のあったあなたに、そのような思いをしてほしくありません。

今なら講座お申し込みで、このような8大特典がついてきます。期限が過ぎますと、特典をご提供できません。この機会をお見逃しなく」

ムズムズする表現① 損を伝える

期間（数量）限定・本日限り・閉店・スペシャルセール・○日（時）まで・今だけ半額・今だけ○○付き・○○キャンペーン・半期に一度・ポイント○倍・今なら○個増量・今だけ○○・おまとめ買いのチャンス・○○処分市・○○大処分・気に入ったものがあったらお買い得・在庫限り・売り切れ間近、締め切り迫る・話題の○○・大幅値引き・先着○さま、お一人（一家族）さま○個限り・数に限りがございます・このままでは○○します・残り○席のみ、申し訳ございません。・○○のみのご提供です・なくなり次第終了・現品限りです　など。

ムズムズする表現② 自分事だと伝える

新生活応援・○区にお住まいの△歳以上の方限定・○○でお悩みの方に・○○を叶えたい方に・あなたの○○を徹底○○・○○を応援・○○の方は必見！・好評につき○○・○○は大歓迎！ など。

お客さまにしたくない人物像も決めておく

気をつけていただきたいポイントがあります。

それは「断ること」です。

興味のない人に無理矢理サービスを利用してもらったり、商品を買ってもらったりする必要はありません。迎合することなく、「こちらもお客さまを選んでいること（理想のお客さま像）」を意識しながら発信していきましょう。

「○○な人にオススメ」という表記の横に「こんな人には不向きです」「こういう状況の方はご遠慮ください」などという注意書きが商品紹介の際に記されているのをご覧になったことがあるのではないでしょうか。

商品やサービスを紹介するということは、お客さまと商品やサービスを結ぶ仲人であるということです。

お客さまと商品の相性を踏まえてお見合いさせてあげる必要があります。

お客さまにしたくない方は事前に決め、きちんとご案内しましょう。

「出会えてよかった」「手に入れることができてよかった」と思わせることで、ムズムズをハッピーに変えることができるのです。

＊＊＊

人をムズムズさせる会話の仕方をお伝えしてきましたが、実践できそうなことがたくさんあったのではないでしょうか？

最後にお伝えしたい大切なことがあります。

それは、あなた自身が「楽しむこと」と「感動を伝えること」です。

人はその人のエネルギーや波動を感じています。ですから、あなた自身が本当に楽しいと思うことを夢中になって取り組み、素晴らしいと思うことを伝えていくと、周りの人たちは勝手にムズムズしてきます。

素晴らしい世界がこっちにあるよ！

そんな気持ちで多くの人をムズムズさせてあげて、幸せな世界に連れて行ってあげてください。あなたならきっと周りの人を笑顔にできるはずです。

ムズムズPOINT

「手に入れることができてよかった」と思わせる

COLUMN 2

言葉にエネルギーを注入する

ＳＮＳで、一生懸命、自社商品を紹介しているのに、思うような反応が得られない。人柄を発信したほうがいいと教えてもらったから、自分のことをたくさん発信してみたのに、「いいね！」やコメントは多くついても、ビジネスに直接つながらない。ストーリーテリングを用いて伝えたほうがいいと聞いたから、ストーリー仕立てで自己開示したり、商品を紹介したりしてみたけど、反応がイマイチ……。

そんなお悩みをよく伺います。

やっていることは間違っていないはずです。それにもかかわらず、思うような反応がない場合は、想いを乗せることができていない可能性があります。

最近、「量子力学の原理をコミュニケーションに活かす」という考え方が知られるようになってきました。

量子力学的には、「あなたの周波数帯が変わると、現れる人・物・事が変わる」といわれます。

私が娘共々お世話になっている、量子力学をベースとした脳力開発の塾を経営されている村松大輔先生はおっしゃいます。

「発信したエネルギーに応じた結果が現れる。量子力学では当たり前のことなのです。空間が濃くなると、物質化が起きやすく、願いも叶いやすいです」

2020年12月22日から、本格的に風の時代に突入したと言われています。約220年続いたといわれる土の時代は、形のあるものを重んじる時代だったようです。

それに比べて風の時代は、情報や知識、コミュニケーションなどの目に見えないもの、伝統や教育などが重視され、柔軟性が必要で、自分の好きなことややりたいことを素直に行動することが大切な時代だそうです。そのような流れからも、「見えないものを見る力」を養うことはとても大切だと、私自身感じています。

だからこそ、文章に想いを乗せましょう。言葉にエネルギーを注入しましょう。

想いを乗せて文章を書いてみたら、そのエネルギーに見合うものが引き寄せられ、理想のお客さまが目の前に現れることになります。お試しくださいね。

おわりに

最後までお読みいただき、ありがとうございます。

様々なビジネスノウハウを学ばれた人ほど、「お客さまの心理を把握しない限り、お客さまを心底喜ばせられない」ということを、実感されていらっしゃるのではないでしょうか？

さて、突然ですが、ここでクイズです。

まだ遊びたがる子ヤギを小屋に入れるには、あなたならどうしますか？

ちなみに、飼い主さんはいつもお尻を押されるそうなのですが、いつも足を踏ん張り、嫌がってなかなか小屋に入らないそうです。

クイズの答えは「親指を加えさせて、小屋まで連れて行く」です。

そうすると、子ヤギは自らくっついてきて、小屋に入るのだそうです。

相手がムズムズするには、「～させる」のではなく「～したくなるようにエスコートする」こと。

これが、仕事で関わるすべての人にできたら、誰もが自発的にムズムズワクワクして楽しく仕事ができるはずです。人間関係のストレスも減り、仕事が楽しく充実し、鬱になる人も減ると、私は思っています。そして、対立ではなく協調し合い、尊重し合えて、平和な世界が広がるはずです。

今回執筆するにあたり、忙しい中、家事や育児を変わってくれ、私に執筆の時間をくれた夫と、「ママ、頑張ってね」と言って、ときに私に代わって食事を作ってくれた小6の娘と小4の息子に感謝しています。いつも夢を応援してくれてありがとう。そして、「わかり合える世界」を創ろうと、一緒に仕事をしている講師の皆さま、ありがとうございます。それから、出版のご報告をしたら、応援メッセージをくださった方々やメルマガや公式LINEの読者の皆さま、心からありがとうございます。

あなたが相手をムズムズさせることで、わかり合える世界が広がりますように。あなたの人間関係とお仕事が、より一層うまくいきますようにお祈りいたします。

そして、人に優しい社会、笑顔あふれる楽しい世の中になりますように。

市川　浩子

著者紹介

市川浩子（いちかわ・ひろこ）

一般社団法人ジャパングッドリレーションアカデミー代表理事
有限会社 Bonvoyage.代表取締役
米国 NLP（TM）協会認定 NLP(TM) マスタープラクティショナー
日本プロセラピスト養成協会認定プロセラピスト
東京都台東区出身。埼玉県越谷育ち。文化服装学院服装科卒業。
アパレル勤務の頃、人間関係に悩み、そのストレスから摂食障害などを発症。その後、苦手な営業職となるも、貪るように心理学を学び、お客さまをムズムズさせ、新規開拓数 No.1に。2004年11月に法人化。現在は、「半径1メートル以内の人から笑顔になる関わりで分かり合える世界を創ること」をミッションとし、1.2万人超をサポート。お客さまとの両想いビジネスのメソッドで年間3億円以上の売上に貢献。自身も、相手をムズムズさせる秘訣を活用して人生が大激変している。
著書に『働く女（ひと）の伝わる話し方の新ルール』（明日香出版社）などがある。

相手《あいて》に「やりたい！」「欲《ほ》しい！」「挑戦《ちょうせん》したい！」と思《おも》わせる
ムズムズ仕事術《しごとじゅつ》

〈検印省略〉

2023年 10月 6日 第 1 刷発行

著　者——市川 浩子（いちかわ・ひろこ）
発行者——田賀井 弘毅

発行所——株式会社あさ出版

〒171-0022 東京都豊島区南池袋 2-9-9 第一池袋ホワイトビル 6F
電　話 03 (3983) 3225 (販売)
03 (3983) 3227 (編集)
F A X 03 (3983) 3226
U R L http://www.asa21.com/
E-mail info@asa21.com

印刷・製本 広研印刷（株）

note http://note.com/asapublishing/
facebook http://www.facebook.com/asapublishing
twitter http://twitter.com/asapublishing

ISBN978-4-86667-641-8 C2034